U0924148

EXPOSURE

INSIDE THE OLYMPUS SCANDAL

How I Went from CEO to Whistleblower

一个告密者的自白

[英] 迈克尔 · 伍德福德 著

陈 书 译

新世界出版社
NEW WORLD PRESS

本书中文简体字版通过 **Grand China Publishing House**（**中资出版社**）授权新世界出版社在中国大陆地区出版并独家发行。未经出版者书面许可，本书的任何部分不得以任何方式抄袭、节录或翻印。

图书在版编目（CIP）数据

一个告密者的自白 /（英）伍德福德著；陈书译. －北京：新世界出版社，2014.1
ISBN 978-7-5104-4795-2

Ⅰ. ①一… Ⅱ. ①伍… ②陈… Ⅲ. ①纪实文学－英国－现代 Ⅳ. ①I561.55

中国版本图书馆CIP 数据核字（2013）第321149 号

北京版权保护中心引进书版权合同登记 01-2014-0674

Exposure: Inside the Olympus Scandal: How I Went from CEO to Whistleblower
by Michael Woodford
Copyright © Michael Woodford Associates Limited 2012
This edition arranged with Conville & Walsh Limited through Andrew Nurnberg Associates International Limited.
Simplified Chinese edition copyright © 2014 by **Grand China Publishing House**
All rights reserved.

No part of this book may be used or reproduced in any manner whatever without written permission except in the case of brief quotations embodied in critical articles or reviews.

一个告密者的自白

作　　者：（英）迈克尔·伍德福德
译　　者：陈　书
策　　划：中资海派
执行策划：黄　河　桂　林
责任编辑：刘丽刚
特约编辑：宋金龙　易　伊
责任印制：李一鸣　邱燕娴
出版发行：新世界出版社
社　　址：北京西城区百万庄大街24号（100037）
发行部：（010）6899 5968　（010）6899 8733（传真）
总编室：（010）6899 5424　（010）6832 6679（传真）
http：//www.nwp.cn
http：//www.newworld-press.com
版 权 部：+8610 6899 6306
版权部电子信箱：frank@nwp.com.cn
印刷：深圳市福圣印刷有限公司
经销：新华书店
开本：787mm × 1092mm　1/16
字数：222千　　**印张**：16
版次：2014年3月第1版　　2014年3月第1次印刷
书号：ISBN 978-7-5104-4795-2
定价：38.00 元

版权所有，侵权必究
凡购本社图书，如有缺页、倒页、脱页等印装错误，可随时退换。
客服电话：（010）6899 8638

致中国读者信

亲爱的中国读者：

写下这封信时，我的心里依然五味杂陈。

本书不仅是一本商业书籍，它还对人性进行了深刻的探讨。2011年末至2012年初，我仿佛成了悬疑电影的男主角，人生陷入混乱之中。我成为了奥林巴斯集团的总裁兼CEO，同时也被卷入了丑闻的漩涡。

在本书中，我将详细讲述那段对我个人和亲友产生巨大影响的经历。书中涉及了职业道德、企业文化，以及人性的脆弱，但其核心则是忠诚与背叛。希望本书能够引发企业管理者和经营者的反思。

迈克尔·伍德福德

2013年12月于伦敦

告密者计划

U.S. Securities and Exchange Commission

ABOUT DIVISIONS ENFORCEMENT REGULATION EDUCATION FILINGS

Newsroom
Press Releases
Public Statements
Speeches
Testimony
Spotlight Topics
Media Kit
Events
Webcasts
What's New

PRESS RELEASE

SEC Awards More Than $14 Million to Whistleblower

FOR IMMEDIATE RELEASE
2013-209

Washington D.C., Oct. 1, 2013 — The Securities and Exchange Commission today announced an award of more than $14 million to a whistleblower whose information led to an SEC enforcement action that recovered substantial investor funds. Payments to whistleblowers are made from a separate fund previously established by the Dodd-Frank Act and do not come from the agency's annual appropriations or reduce amounts paid to harmed investors.

The award is the largest made by the SEC's whistleblower program to date.

美国证券交易委员会（SEC）网站

美国证券交易委员会（SEC）于2013年10月2日宣布给予一位告密者1 400万美元奖金，告密者提供的信息使委员会成功追回了巨额的投资者资金。

根据美国证券交易委员会声明，奖金来自此前根据《多德-弗兰克法案》（Dodd-Frank Act）建立的基金，并非来自美国证券交易委员会的年度拨款，也不是来自受害者的赔偿金。这是美国证券交易委员会出台告密者制度以来给出的最大一笔奖金。

美国证券交易委员会告密者办公室成立于2011年，得到了多德-弗兰克法案的授权。根据政策，如果告密者提供的信息最终导致美国证券交易委员会对肇事者处罚100万美元以上，那么告密者将可得到罚款的10%～30%。

美国证券交易委员会主席怀特表示，“我们的告密者计划非常成功，给我们的调查提供了高质量的、极有价值的信息。我们希望类似的奖金能够激励更多人向我们提供信息。”

美国国税局也有类似奖励计划，曾对瑞银前雇员一次性奖励1.04亿美元，以表彰其揭发一项逃税计划，为国税局追回数十亿美元的税收。

专家推荐

《中外管理》杂志总编　杨　光

忠诚始终是一个大问题。一名雇员是忠于老板、忠于公司，还是忠于自己的职业操守？当一位地道的西方人进入一家地道的东方企业，从基层做起，最终成为CEO时，忠诚的问题就更加纠结。当中国企业走向市场化和全球化，职业经理人团队不断专业化时，忠诚也成了我们必须面对的问题。走出忠诚纠结，不仅要靠管理者的个人勇气和职业操守，还取决于我们的文化以及市场环境与国际市场对接的充分程度。

福布斯中文网总编　周健工

这部惊险如好莱坞大片的回忆，暴露了日本泡沫经济崩溃之后日本公司从顶点跌落的挣扎，以及欧美资本主义与亚洲资本主义之间的冲突。

著名财税专家　马靖昊

本书初读起来，犹如一部情节跌宕起伏的侦探小说，但书中无论人物、事件还是数字，都是真实存在的。《一个告密者的自白》不仅是一本曝光大型日企财务丑闻的传记，更为企业经营者与财务人员敲响了警钟。

中国注册会计师协会专业咨询委员会委员　张连起

《一个告密者的自白》告诉人们：你可以在一些时候欺骗一些人，也可以在更多时候欺骗更多人，但不能在所有的时候欺骗所有人。墨写的谎言掩盖不了铁的事实。日本大型企业、相关机构股东、国际知名会计师事务所之间林林总总的关系及其影响，值得我国企业引为镜鉴，亡羊补牢。

《中欧商业评论》执行副主编　支维墉

《一个告密者的自白》讲述了西方契约精神与东方层级化管理制度的冲突，这是经济全球化状态下东西方文化激烈碰撞的一个缩影。对于中国企业而言，迅速成长的大型企业是否应该聘用西方职业经理人团队，引进先进的管理理念？引进后又怎样实现无缝对接？这些问题值得企业所有者深思。

权威媒体推荐

《时代》

得知奥林巴斯决策层内部的肮脏交易后，迈克尔·伍德福德原本可以坐视不理，安坐CEO的宝座，但他却是第一个，也是唯一一个指控公司的不当行为的人，其勇气值得钦佩。

《经济学人》

迈克尔·伍德福德在本书中用第一人称的口吻讲述了自己早年在职场平步青云，后又因做正确的事而被驱逐的经历。他展现出来的正直和勇气世间少有。《一个告密者的自白》让读者得以窥视日本企业内保守派的铁血管理手腕，员工因为正直遭到解雇，这不是第一次发生。本书应当列入公司主管和MBA学生的必读书目。阅读本书后你应当扪心自问：遇到同样的情况时，你会保持缄默，继续做你的CEO吗？

《金融时报》

迈克尔·伍德福德冒着生命危险揭发恶行，他是大胆行动的表率。在获悉一桩22亿美元虚假并购案的真相时，他并没有像其他董事一样隐瞒真相。迈克尔·伍德福德是少数几个深入日本企业并如实反应日本商界真实现状的外籍经理人之一。

《彭博商业周刊》

一直以来，迈克尔·伍德福德都勇敢地挑战欺诈行为，即便这种挑战会造成经济损失甚至危及人身安全。当得知奥林巴斯存在违法和腐败行为时，身为CEO的他再一次站了出来。本书是商界人士、政治家以及想推动世界进步的人的必读书籍。

《纽约时报》

迈克尔·伍德福德告发了自己的企业，他对日本企业界的影响前所未有。

《泰晤士报》

阅读本书之前请做好思想准备，伍德福德讲述的亲身经历无异于惊悚小说里的情节。

《科克斯书评》

这位企业内部的告密者撰写了一部奥林巴斯大事记。

《今日管理》

他是近年来在国际上受关注度最高的告密者。他的故事充满了谜团、怀疑和背叛。

《伦敦旗帜晚报》

这是一个扣人心弦的英雄故事，然而书中讲述的都是真实事件。本书应当入选年度商业书籍。

《星期日邮报》

《一个告密者的自白》是一部了不起的作品，它生动、充满灵气、直抒胸臆。

《星期日泰晤士报》

这是一个关于正直与诚实的故事。如今，国际市场受跨国企业操控，该有人站出来说句公道话了。

《日本时报》

这是一本记录日本商业丑闻的回忆录，更是一个正义对抗邪恶的故事，同样适合职业经理人以外的读者阅读。

《东京罪恶》作者　杰克·阿德尔斯坦

迈克尔·伍德福德没有袖手旁观，而是坚持自己的立场，说出了真相。正因为有他这样的人，我们的社会才免于堕入黑暗的深渊，日本企业应该聘用更多这样的人。

反死刑组织“缓刑”创始人　克里夫·斯坦福·史密斯

迈克尔·伍德福德并非好战分子，他是个真英雄，为了这一仗，他赌上了一切。

推荐序 I

EXPO SURE

张化桥

畅销书《影子银行内幕》作者

慢牛投资公司创始人

看见魔鬼时，别吭声！

50 岁的人，在读书时应该保持冷静。不过，本周我读了日本奥林巴斯前 CEO 伍德福德写的《一个告密者的自白》。在阅读过程中，我数次为之动容。

成为世界 500 强跨国公司的高管，这可能是众多职场人士为之奋斗的最高目标。一个人拥有一流职业素养与技能，管理经验与技术，就一定能达成这样的目标吗？不见得。就像奥林巴斯前 CEO 一样，辛苦 30 年，终于从一名销售员变成 CEO，却在两周内翻了船。

2011 年，伍德福德揭露了奥林巴斯公司隐藏 20 年的假账，并与董事会和其他高管进行了明争暗斗。这让我想起自己 11 年前与国内几家上市公司在法庭内外的搏斗，以及付出的个人代价。除了与骗子较量，伍德福德和我都遇到了公众冷漠，同事排挤和恶人诬陷。很多股民极端自私自利，当假账曝光时，他们不是感谢讲真话的人，而是把股价暴跌的损失怪罪到讲真话的人身上。当然，这也纵容了企业的管理层。

奥林巴斯是日本最大的跨国公司之一，主要生产照相机和医疗器材。从20世纪80年代后期开始，奥林巴斯高管就一直在地产和股市上大量投机，很快出现了大量亏损。跟股民一样，他们认为自己只是被“套住了”。于是他们一边掩盖，一边继续更疯狂的投机。可是日本楼市和股市一直拒绝回到20世纪90年代初的高位。

后来，国际会计准则发生了变化，要求上市公司按照市场价格对持有的投资产品进行调整。那样，奥林巴斯管理层将被迫承认过去的损失和多年的掩盖行为。那怎么行呢？欺诈是要坐牢的。怎么办？于是，他们在新加坡、伦敦和东京成立了三个基金公司，然后收购海外根本不值钱的皮包公司，人为制造了巨额亏损，借机把过去的亏损和假账冲掉。

2010年，奥林巴斯财务部一位正直的员工，把部分细节透露给了一家日本杂志社*Facta*。*Facta*把这些资料分期分批刊登了出来。可是，在6个月内，日本主流媒体一直装作不知道，没看见。虽然伍德福德刚刚从欧洲业务主管被提拔为集团CEO，但他不会讲日文，所以到处是两眼一抹黑，董事长菊川刚还是一手遮天。

伍德福德坚持不懈，通过审计师的帮助找到了更多证据，于是发出了最后通牒，逼董事长和其他高管集体辞职。不幸的是，19人的董事会集体反戈一击，罢免了他。

公开的战斗爆发。伍德福德先是通过西方媒体，然后通过日本媒体，向奥林巴斯董事会开炮。奥林巴斯是一家跨国公司，很多假账和支付行为都是通过海外分支机构进行的。所以伍德福德冒着生命危险，向英美和日本的监管部门和警察局详述了他掌握的信息。

几个月后，奥林巴斯的主要高管被捕。不幸的是，新任的高管层还是原来的中高层，他们早就知道公司多年的假账，但是一直不吭声，而且某些人还参与其中。在整个曝光过程中，他们一直默不作声。

伍德福德和奥林巴斯的外国股东一直试图清洗原来的19人董事会，让伍德福德官复原职。但很遗憾，日本的股东们和债权银行票数过半，反对伍德福德官复原职，反对彻底改革。

在6个月的公开战斗中，伍德福德的某些好朋友站到了他的对立面：你为什么要把整个事情公开化？为什么不能在内部悄悄运作？还有很多旧同事出于个人职业的考虑，立刻跟伍德福德划清界限，保持距离。伍德福德和他的家人也为此案付出了巨大代价。

《一个告密者的自白》隐藏着一条主线：当现代“契约精神”遭遇东方的“关系哲学”时，将会碰撞出鱼死网破的矛盾。这是每一位职业经理人都必须掌握的生存哲学。人在职场，就像走夜路一样，走得多了，难免会遇到“鬼”，你敢吭声吗？

看完这本书，你会认为谁赢了？是被踢出来的伍德福德，坐牢的菊川刚，还是卖身求生的奥林巴斯？答案只能由读者自己在书中求索。

在此，我强烈建议每一位职业经理人，甚至每一位职场人士都读一读这本书。看一下伍德福德看见魔鬼时的所作所为，揣摩一下，如果是你，会不会这样做，有没有更好的解决途径。在本文中，我不断地强调这一点，因为这是必然发生的事情，也是对我们每个人的最终极拷问。

英文里有句话：“看见魔鬼，别吭声！”（See no evil, hear no evil, and speak no evil.）这会是职业经理人的第22条军规吗？

推荐序II

杰克·阿德尔斯坦
畅销书《东京罪恶》作者
日本读卖新闻报社调查记者
研究日本有组织犯罪的第一位外籍专家

穿上和服的圣骑士，会信奉武士道吗？

迈克尔·伍德福德是敢于说出真相的英雄。

尽管当今社会处处在提倡诚实和正直，但真有人为原则挺身而出时，我们又会暗想"这人真是个疯子"。日本历来有强调礼仪与维持现状的文化传统，能像伍德福德一样挑战这一传统的人少之又少。任何地方都存在腐败和伪善，愚忠会战胜原则，金钱能堵住反对者的嘴，恐吓则令大家动都不敢动一下。

然而，我并不认为伍德福德是个疯子，他是个诚实的人，是现状令他变成了一个高尚的"怪人"。我想用"利物浦的佛陀"称呼他，只是他性子有些刚烈。

作为记者，我应该客观地评价他人，如果我要写有关奥林巴斯丑闻的报道，或许不敢用"英雄"这个词描述伍德福德，别人会认为我有偏见，但这篇不是新闻报道，我就要"偏见"一回。

菊川刚及其他董事多次通过不正当手段掩盖损失，试图通过解雇伍德福德并毁掉他的声誉来阻止他曝光真相，这种做法令人不寒而栗。我之所以称伍德福德为英雄，是因为得知真相后他没有保持缄默，而是将真相告知奥林巴斯的全体股东。遭解雇后，他立刻联系《金融时报》的索布尔并告以实情，随后才想到个人的安危。

有些人会说菊川刚及其董事会也只是为公司的利益着想，对此我表示严重怀疑。部分日本媒体暗示伍德福德另有所图，怀疑他偷偷为其他公司攫取奥林巴斯的资产并从中获利，我根本不相信这类无稽之谈。他唯一的目标就是让真相大白于天下，挽救自己服务了 30 年的公司。他揭露了如此巨大的黑幕还能安全离开日本，不得不说他运气不错。

如果我说在日本有人会为了高达 17 亿美元杀人灭口，你会觉得这是妄想症患者才会有的想法吗？回想一下过往的案例吧。

> 1998 年，警方对日本券商向银行和政治家行贿的调查达到了顶峰，国会议员荒井在酒店房间里自缢，他是受贿案的关键人物，议会原本打算隔天就是否逮捕他进行投票。虽然有人曾听见他的房间里传出争吵声，但他的死仍被判定为自杀。荒井的死切断了野村证券员工的调查线索，而该案件的疑犯曾与黑帮分子有利益往来。
>
> 2006 年 1 月，警方开始调查活力门公司的内幕交易时，东京证券交易所出现了恐慌性抛售。没过多久，总裁助理野口英昭也死在了酒店的床上。野口的手腕被切断，腹部有多处刺伤，他的死也被判定为自杀。
>
> 同年 3 月，一个叫野崎一兴的房地产顾问，为一处价值 2 500 万美元的物业与某组织首领发生冲突，

被刺死在东京郊区，直到5年后，警察才逮捕了一位共犯及司机。2010年12月，警方发出国际逮捕令缉拿真凶近藤隆。2011年4月，近藤在泰国被枪杀，案件至今未被侦破，下令杀死野崎的主谋也无从确认。

2500万美元与奥林巴斯事件牵涉的金额相比，简直是九牛一毛。东京警视厅当然有理由认为伍德福德身处险境，他首次回东京时安保措施做得密不透风，对方完全没有机会下手，伍德福德也从未退缩。

奥林巴斯事件曝光之初，我在新闻发布会上听到伍德福德谈及自己的经历，想起了爱因斯坦的话：**这个世界是危险的，并不是因为无恶不作的人太多，而是因为无所事事的人不少**。伍德福德坚持自己的原则，说出了真相。正是因为有他这样的人，这个世界才不至于坠入深渊。

日本有句谚语："正直的人注定失败。"单看这一句谚语，你会认为这个国家鄙视正直的人，或许部分民众确实有这样的想法。然而，还有一句与之截然相反的谚语："神就在正直的人心中。"虽然这句谚语不如第一句出名，但一定也有很多人相信它。尽管诚实和勇敢在现实中难得一见，但各国文化都推崇这两种品质。

伍德福德逆潮流而行，与前雇主的谎言和背叛斗争，与降临到他头上的命运抗争，并最终获胜。他主宰了命运，撰写了自己的结局，这一次，或许是正直的人确实得到了神的庇佑。

写于2012年7月，东京

推荐序III

宫田耕治

奥林巴斯医疗事业部前总裁

CEO，时刻处于风暴中的领航人

与迈克尔·伍德福德第一次相遇的情形仍然历历在目。1986年，我到圣保罗参加世界消化内镜组织举办的一场展览。那年他26岁，我45岁，他是英国奥林巴斯旗下KeyMed公司的销售总监，我当时担任奥林巴斯海外营销部总经理。

KeyMed的创始人兼总裁艾伯特·雷丁豪比我大10岁左右，他为人风趣，是一个罕见的商业奇才。为了赶超他，我已习惯于追随他的脚步并从他的洞见中汲取经验。雷丁豪曾告诉我，他很想介绍一位年轻同事给我，我们相约晚饭前在他下榻的酒店大堂会面。我设想对方会是一个身材高大，金发碧眼，性格相当高傲的英国人。直到伍德福德走到我身旁，伸出手说："我是迈克尔·伍德福德，很高兴认识你。"我发现他的五官明显带有亚洲人的特质，身为白人，他的肤色也略微黑了一些。

晚餐时，雷丁豪透露："目前这仍然是机密，我打算让他接替我担任总裁。”奥林巴斯持有 KeyMed 的股权，KeyMed 当时有几百名员工，从事产品制造研发，并进口奥林巴斯产品后进行分销及市场推广工作，换言之，KeyMed 对奥林巴斯的运作具有战略意义。雷丁豪年事已高，挑选他的继任者是奥林巴斯总部一直关注的问题。

KeyMed 有几个有能力的主管，其中一个自公司成立以来就一直是雷丁豪的得力助手，我简直不敢相信雷丁豪会放弃这些候选人，提拔一个只有 26 岁的人经营整家公司。

我满腹狐疑，忍不住问他："为什么？"

雷丁豪回答我说："宫田，世界上有很多优秀的主管，但真正卓越的主管凤毛麟角，优秀的主管无论积累多少知识和经验也鲜有成为卓越主管的可能。因此，寻找适合的总裁继承人实际上是在寻找卓越的主管，如果无法找到卓越的主管执掌公司，这家公司很可能开始衰落。"这番话还是没能说服我，我继续追问道："那么，优秀的主管和卓越主管到底有什么区别？"

"对于一家企业，CEO 的责任是即便在暴风雨中也能安全领航，所以心灵脆弱的人不适宜引领一家公司。CEO 必须是能保证公司在正确轨道上运行的人，必须拥有识别危险的智慧，以及能够避开危险的果敢。是否具备这种智慧和果敢是'优秀'与'卓越'的最大差别。挑选 CEO 时，这个条件也是最重要的考量因素。"雷丁豪这样对我说。

自那天起，我一直留意伍德福德这个年轻人，细心观察他是否具备雷丁豪所提到的卓越主管才拥有的品质。我在职权允许的范围内，增加了他的职责，监督他的工作表现及成长过程。3 年后，雷丁豪兑现了当初的承诺，伍德福德在 29 岁时成为了 KeyMed 公司的 CEO。

伍德福德视纪律和细节为管理之根本，实施了全方位解决管理问题以及确保最大效能的行动计划，亲自审查公司执行计划的各个细节。其他人认为其管理方式过于细致，但也都不得不承认他取得的成果。

为了管理奥林巴斯集团的销售人员与推广内视镜业务，伍德福德精心制定了营销方案。他严格要求身边的人，对自己则最为严苛，这种管理方式颇有成效。

奥林巴斯丑闻再次印证了雷丁豪任命伍德福德继任 KeyMed 公司 CEO 非常有远见，少数几个了解实情的人都选择了视而不见地等待暴风雨过去，只有伍德福德坚持原则，毫不妥协地站了出来。

奥林巴斯拥有非凡的技术和令人信服的产品，它背叛客户、损害股东利益的消息传出后，全世界为之震惊。可笑的是，公司管理层坚持认为是伍德福德不适合做总裁，但集团内外却有无数人渴望他复职。25 年前，雷丁豪选对了人。问题是，在唯一一个“卓越主管”缺席的情况下，能否有人引领奥林巴斯这艘商业巨轮回归正确航线。

写于 2012 年 4 月，东京

图为 2011 年 2 月 10 日奥林巴斯集团董事长菊川刚（左）与总裁迈克尔·伍德福德（右）共同出席在东京召开的新闻发布会

往日的美好时光：2011 年 2 月 10 日

这场在东京举行的新闻发布会上，奥林巴斯集团 CEO 菊川刚宣布，公司下任总裁将是一名外籍人士：迈克尔·伍德福德。

菊川刚说："我坚信他具备丰富的经验与知识，以及卓越的领导能力，这对于奥林巴斯至关重要。"轮到伍德福德发言时，他对记者说："大家都知道日本企业的特色之一就是固守现状，在日本，改变可能是最困难的事。"没想到他竟预言了奥林巴斯的未来。

随后伍德福德告诉记者："改变不是没有可能，而且我们必须做出改变，但我需要一把日本的'保护伞'。"这把"保护伞"指的就是菊川刚，伍德福德相信菊川刚会全力支持他，时刻保护他。然而 8 个月后，这把"保护伞"消失了。

主要出场人物

EXPO SURE

菊川刚（Tsuyoshi Kikukawa）

生于1941年，1964年加入奥林巴斯集团，1999年成为负责财务部门的董事，2001年被任命为总裁与代表董事。2011年4月1日，他将总裁头衔交给伍德福德，但仍为董事长，并出任新创立的CEO职位。伍德福德2011年10月1日被任命为CEO时，菊川刚仍担任董事长。两周后，伍德福德被解聘，菊川刚回任CEO。10月26日，辞去董事长、总裁与CEO职位。2011年11月24日，辞去董事职务。

森久志（Hisashi Mori）

生于1957年，1981年加入奥林巴斯集团，2006年成为董事，后被提拔为执行副总裁，直到2011年11月8日去职，2011年11月24日辞去董事职务。

宫田耕治（Koji Miyata）

生于1941年，奥林巴斯医疗事业部前总裁。原本就是伍德福德朋友，在伍德福德被解职后的数月间成为伍德福德最信任的知己与顾问，奥林巴斯员工非官方网站“草根”（Grassroots）的创办人。

和空，又名布莱恩·米勒（Waku aka Brian Miller）

生于美国，定居东京30年，是迈克尔·伍德福德在日本的代言人。他儿子道格提供技术协助，帮助宫田耕治建设及维护“草根”网站。

目　录

已经到了做决定的时刻，我必须写下我关切的事，留下书面证据。
这是我成为总裁后，第一次受到如此具有攻击性的公开质问，这些质问都经过事先演练，只是我没有受邀参与，我突然感觉自己完全被孤立。

菊川清了清喉咙：“今天讨论并购案的董事会会议取消，我们要解除伍德福德先生的总裁、CEO 与代表董事职务。”
我等着大家惊讶地窃窃私语，甚至提出反对意见，但整个会议室鸦雀无声。

我怀疑自己可能被跟踪，虽然往来的人群让我稍稍安心，但我仍然在观察周围有没有可疑的人。
一切似乎都很正常，应该没有人在监视我。我拿出电话打给在日本金融时报社工作的记者索布尔……

提供多少解释：董事长兼总裁菊川刚于今日归还其所任职权。
奥林巴斯的地基开始出现裂缝，看着太阳从东方慢慢升起，我第一次感觉到我们会赢。

第 9 章　董事会交锋　145

我必须回到东京，身为董事，我有权参加 8 天后的董事会会议。
有记者问我奥林巴斯能否渡过这次难关，我坚定地答道：“我们有卓越的产品和员工，只要除掉董事会里的毒瘤，奥林巴斯一定能渡过这次难关，再次成为日本的骄傲。”

第 10 章　舞弊 13 年，烂到骨子里　161

奥林巴斯自 1998 年开始掩盖损失，目前已亏损 17 亿美元，而这一行为得到了菊川刚及其前任岸本正寿的正式授权。
辞去董事职务后，我打算联系所有相关股东，共同制定一份董事会名单，在股东大会上选定新董事。

序章

闯入危险之境

2011.03.23

里氏 9.0 级地震，福岛第一核电站崩溃，居住在日本的外国公民纷纷撤离……

面对余震与核辐射的危险，我毅然选择飞回东京，却不知道这家我愿为之奉献一切的企业正在向深渊滑落。

有时我会感叹，自己的大半辈子都是在飞机上度过的。提着公文包和笔记本电脑在 38 000 英尺的云层中穿梭，辗转世界各地。候机，接受工作人员面无表情的通关盘问，脱鞋，上交手机，走过 24 小时营业的商店，再走很长一段路到登机口，经过登机桥，跨进舱门，左转抵达头等舱。找到座位坐下后，脱掉外套，点一杯香槟，等待最后一位乘客登机。随后，“各位乘客，请系好安全带，我们即将起飞”的广播终于响起，在高空中飞行数小时后，睡眼惺忪地抵达目的地，这一套流程我已经烂熟于胸，但这次飞行不同以往。

2011 年 3 月 23 日，我搭乘全日空航空公司的波音 202 客机从伦敦希斯罗国际机场飞往东京成田机场。十几天前，日本刚刚遭受了一次 9.0 级地震。这是日本有史以来经历的最强烈的地震之一，自 1900 年地震记录诞生以来，本次地震的破坏性排名历史第 5。地震发生后不到 30 分钟，数十米高的海啸就吞噬了日本东北部海岸线。全世界都通过电视画面看到了地震后的场景：汽车漂浮在海水中，巨浪深入仙台市内 8 公里，沿途所有建筑物都被冲垮。海啸摧毁了 129 225 栋建筑，近 16 000 人死亡，27 000 人受伤，3 155 人失踪。

随着飞机降落，另一个威胁迎面而来，福岛第一核电站所在的海岸线受到了海啸的猛烈冲击，核电站目前虽然没有被冲垮，但后备电源系统已经崩溃，电站内的工作人员、士兵和消防员都在努力冷却反应堆，控制核辐射扩散。如果事态继续恶化，日本当局最坏的打算是撤空拥有3 500万人口的东京市，可我此行的目的地恰好是东京，我是飞机上唯一的西方人，很多居住在东京的外国人都已撤离。夜间飞行时，我迷迷糊糊地睡了一会儿，总是回想起几天前我离开日本返回伦敦的情形。

电视上24小时转播日本竭力控制福岛核反应堆的新闻，我妻子恳请我为她和孩子们着想，不要回日本。她说即使我推迟回日本的时间，大家也不会因此责怪我，选择这个时间回去是不负责任、有勇无谋的做法。我知道其他公司的外籍高管都离开了日本，或许我的同事也都能理解这种行为，但对我而言，除了回去别无选择。我怎么可以因为形势危急就置身事外？那我还有什么资格做总裁？

飞机即将着陆时，服务周到的空姐走到我身旁，微笑着递过一个免税店的塑料袋，里面装着6瓶威尔士出产的天龙矿泉水，她语气温和地说东京市内的饮用水紧缺，这一举动让我感受到这次旅程的确不同寻常。

尽管存在余震以及核辐射的威胁，我还是回来了。是否回到东京对我是一次考验，我的决定表明，无论面临何种风险，我都会对奥林巴斯的同事负责。跟大多数国家一样，英国外交和联邦事务部建议英国公民不要前往日本，很多飞往日本的航班都是先抵达韩国首尔，再安排短程航班往返于首尔和东京之间，避免机组人员逗留日本。

随着一阵颠簸与轮胎摩擦地面的声音，透过机舱的舷窗，熟悉的成田机场呈现在我眼前。我在奥林巴斯勤勉地工作了30年，现在是以全新的角色回到这里，董事会选择由我这个外国人来领导这家有40 000名员工的大型日本跨国公司。

30年前，我是奥林巴斯的一名普通销售员，从没想过自己有一天会成为公司总裁，现在，我要带领这家公司走出困境。地震发生前，公司的财务状况就存在过度杠杆化的问题，成本费用高得离谱。奥林巴斯是日本负债超高的企业之一，我的工作就是带领奥林巴斯重新实现盈利，我确信自己知道该怎样做。

站在通向到达大厅的自动步道上，我感觉到外套口袋里手机大小的放射量测定器在剧烈震动。司机尼克早已等候在那里，他简直就是一个日本版的马龙·白兰度。经过多年的相处，我跟他已经成了朋友，两周前，就是他将我送到成田机场的。尼克看到我回来很高兴，他先是鞠了一躬，随即接过我的提包。

有朋友在身边，我坚信自己无所畏惧。

第1章

荒谬的指控

2010.11～2011.07

一封主题为“紧急信息”的邮件犹如定时炸弹，彻底改变了我的生活。
名不见经传的杂志上充满了天马行空的指控，矛头直指奥林巴斯并购案，或许我自以为知道的真相已经在瞬间改变。

2011 年 7 月，欧洲迎来了一个酷热难当的夏季。我像往常一样，在奥林巴斯位于德国汉堡的欧洲分公司主持会议，并未留意到一封改变我职业生涯的邮件已经悄无声息地进入了我的收件箱。

我在那里主持了多年会议，现在作为公司的全球总裁，大家对我的态度更加恭敬，但这种态度也让我隐隐有些担忧。在我的建议下，会议室换了圆形会议桌，这样我们就能看清彼此的表情，听清其他人表达的内容。会议上，我如往常一样向大家提出公司存在的问题，不断征求与会者的意见，会议在傍晚时分结束。

回到酒店，我立刻打开笔记本电脑，大家都知道我习惯及时回复邮件，这也意味着我将自己置于一种高压环境下。然而那一天，一封犹如微型炸弹的邮件永远改变了我的生活。

邮件标题是“紧急信息”，我的日本朋友宫泽在一本名为 *Facta* 的调查性杂志上看到了大肆抨击奥林巴斯的报道。我没听说过这本杂志，只是后来才得知这家杂志社的总编曾是一名记者，所以敢于揭露任何丑陋的真相，这种人在日本新闻界十分罕见，但我并不是一个悲观主义者，没有因为一篇报道就忧心忡忡。

宫泽问我有没有收到关于奥林巴斯那篇报道的英文稿件，我表示对此事并不知情，并询问他有什么重要内容。我担任奥林巴斯的总裁已有 4 个月，早已习惯日本大小媒体对我的热情态度，他们对我这个外籍总裁表现出了强烈的好奇，我以为宫泽说的又是一篇介绍我的文章，还想着最好都是赞扬我的话。

宫泽很快回复了我，那篇报道与我无关，而是对奥林巴斯提出了严厉的指控。宫泽的意思很明确：我应该马上回日本。我虽然对所发生的事一无所知，宫泽也没有提到任何细节，但我从他的话里推测那篇报道对奥林巴斯的指控涉及多笔巨额资金。我当时不相信自己的公司有任何问题，只是认为写文章的人居心叵测。可笑的是，**你所知道的一切，或者你自以为知道的一切，都可能在瞬间改变**。我请秘书帮我预订了回日本的机票，当时并不知道在那里等待我的是什么。

分职不分权的奥林巴斯

我于 7 月 28 日返回日本，在懂日语的朋友和同事的帮助下，搞清楚了 *Facta* 杂志上那篇报道的主要内容：奥林巴斯以匪夷所思的高价收购了两家与主营业务没有任何关系的小公司，这是整件事情的起因。我不知道究竟有多少人牵涉其中，是否也包括擢升我的董事长菊川刚。

7 月 29 日，星期五，我们召开了月例会，但当天的会议我开得心不在焉，一心想着必须先查明真相。进入会议室后，大家友好地欢迎我归来，没有任何反常表现，甚至没有一丝紧张的气氛。会议照常进行，内容一如往常，没有人提到那篇报道，我也没有轻举妄动。在完全搞清状况之前，我需要保持沉默。会议结束后我回到办公室，心想 *Facta* 杂志很有可能是蓄意造谣，但仍然觉得什么地方不对。

多数企业的总裁都拥有最终决策权，但刚刚成为奥林巴斯总裁的我却没有多少权力，这让我有些沮丧。我上任之前，菊川兼任董事长与总裁，我认为这种管理模式不利于公司发展。提拔我成为总裁后，他任命自己为 CEO，首次将这个西方企业的职位引入奥林巴斯。在多数日本企业，总裁与 CEO 由同一人担任，董事长只是名誉职位，奥林巴斯的情况则完全不同：CEO 的权力高于总裁，菊川仍然能够在奥林巴斯一手遮天。他不但能左右董事会成员的去留，还能决定所有人的收入。我曾礼貌地问他："既然不愿放手把管理权交给我，为什么要晋升我为总裁呢？"菊川则安抚我说："职位头衔并不重要，一切都是你说了算。"作为公司的总裁，我必须对签署的文件以及审计客户声明书承担法律责任，总裁和 CEO 不由我一人担任的情况让我如坐针毡。

或许我始终被视为一个不够日本化的外人，虽然我坐上总裁的位置，但很多事情还是被蒙在鼓里。我与菊川相识已有几十年，我还在美国时，就是他推荐我管理正处于亏损状态的医疗设备业务。把奥林巴斯在欧洲的所有业务交给我后，欧洲区域成了为集团创造最多利润的地区。他一直是我的幕后支持者，但我对他并不是盲目忠诚。

22 亿美元并购了一家皮包公司

我很喜欢东京，但周末的时候还是想暂时逃离这里。那个周日下午，我和宫泽一起搭乘火车暂时远离了这座喧闹的都市。他比我年长一辈，在东京商界享有盛誉，我们之间的友谊令人不解，相信大多数人在知道我们之间的亲密程度后会非常惊讶。我在日本是一个备受争议的人物，与我一同出席公开场合可能有损他的声誉，为了保护他，我在这里并没有用他的真名。我们决定到距离市区几个小时车程的旅馆泡个温泉，宫泽不辞辛苦，在车上一字一句地将那篇文章译成英语，我听后几乎不敢相信自己的耳朵，认为那篇报道简直信口开河。

报道采用了一种耸人听闻的写作手法，令整个事件显得更加诡异。报道的开头比小说更戏剧化：

> 奥林巴斯疯了，愚蠢的并购造成巨额损失。9.4 亿美元并购 3 家小企业的目的在于抹平账面上等值数额的亏损。本文披露的正是董事长菊川刚和奥林巴斯试图掩盖的真相：避免奥林巴斯的净资产大幅缩水。

2008财政年度，奥林巴斯在与核心业务无关的3家公司上花费了9.4亿美元。2009年，他们减记了其中7.1亿美元。

这3家公司分别是：医用废弃物再生公司Altis，研发并销售微波餐具的News Chef，生产抗衰老化妆品、膳食补充剂的Humalabo。奥林巴斯的财务报表上并没有列明这些公司的经营信息，他们显然急于掩盖真相。

以上内容已经够糟了，但是还没完，火车在日本乡间穿梭时，我听到了更多坏消息。该报道还对奥林巴斯支付近22亿美元收购一家英国公司的动机提出质疑。

令人费解：22亿美元收购一家英国公司

奥林巴斯宣布意欲以高出市价40%，即17亿美元的高价收购在伦敦上市的制造企业Gyrus公司后，引得众人侧目。奥林巴斯在2010财政年度追加5亿美元完成收购后，原本持怀疑态度的股东开始惊慌失措，卖家的身份始终成谜，股票分析师不禁为之咋舌。

更有甚者，Gyrus的商誉（能在未来为企业经营带来超额利润的潜在经济价值，或一家企业预期的获利能力超过可辨认资产正常获利能力的资本化价值。——译者注）占其总资产的50%以上。在价格严重虚高的情况下，奥林巴斯斥巨资并购了一家商誉奇高的制造公司，股票分析师表示这种情况非常少见。此外，除了基本销售数据外，奥林巴斯也拒绝披露Gyrus的财务状况。

这些指控初听起来十分荒谬，但每一条都说得有理有据。报道声称，奥林巴斯实际上收购的是3家皮包公司。按照当时的汇率，奥林巴斯向这3家收益甚微的公司总计9.4亿美元。几个月前，菊川送给我妻子南希一瓶新生产的“紧致面霜”让她试试效果，但南希没有随便试用，这瓶化妆品至今仍原封不动地放在她梳妆台的柜子里。

偶尔几笔不明智的投资可以理解，但花费几亿美元收购一家化妆品公司让我十分费解。更让我吃惊的是，我对这起收购案中另外两家公司竟一无所知，不过我对收购 Gyrus 的过程倒是记忆犹新。2008 年，奥林巴斯以 17 亿美元的高价收购了这家英国医疗设备集团，这个价格无论在何时看来都高得离谱，可后来居然又支付了 5 亿美元，原因何在？

刊登这条新闻前，*Facta* 杂志曾向奥林巴斯发出最后通牒，发行人阿部重夫曾在 6 月底写信给奥林巴斯的公共 / 投资者关系事业部，要求就收购问题采访总裁菊川先生，但公司的态度十分强硬，拒绝回答任何相关问题。

7 月 15 日，阿部在博客上表达了不满：“你们以为我会就此罢休吗？我们走着瞧！ *Facta* 的新一期杂志将成为你们的噩梦。在此之前，我劝你们及时行乐。”事实证明，他并没有食言。

宫泽继续翻译报道内容，我僵直地靠在椅背上，一言不发。车窗外是日本的乡间美景，我知道这则新闻就像远处的富士山，我们不可能对其视而不见。即便报道中只有少部分内容属实，民众的反应也会很强烈，奥林巴斯的声誉将受到难以挽回的损害，作为总裁，我感到进退两难。

海滨温泉酒店附近景致优雅，空气中透着一丝甜意。据说温泉富含各种有益身体的矿物质，泡温泉能让人身心放松，这也是我和宫泽此行的目的。我想给自己一些思考时间，于是决定去海边跑跑步。时值旅游淡季，没有多少游客，否则别人一定会用异样的眼光看着我这个身高 1.90 米，穿着荧光运动装的西方人。我沿着海边慢跑，汗水顺着脸颊流下，我一阵恍惚，过去 9 个月的经历开始在脑海里回放。

2010 年 11 月，时任奥林巴斯总裁的菊川让我到日本参加一个日程安排上没有的会议。我走进他的办公室时，他满脸笑容，亲切地告诉我：“迈克尔，我希望你接替我的位置，成为下一任总裁，我没有能力改变这家公司，但我相信你一定可以。”

奥林巴斯是一家大型跨国公司，有近4万名员工，占据了全球医用内视镜市场份额的70%。近年来，医疗保健行业发展势头迅猛，全球医疗产品年销售额近40亿美元，利润率则高达20%。奥林巴斯的产品包括数码相机、录音笔和显微镜等，其中最成功的产品就是全世界医生都渴望拥有的内视镜，它设计精巧、操作简便。相比设计这些产品的工程师，我总觉得自己的贡献微乎其微，虽然这些工程师的工作经常被忽视，但正是凭借他们的不懈努力，奥林巴斯的产品才因其设计和工艺享誉全球，他们才是奥林巴斯的英雄。

除了利润最丰厚的内视镜产业，集团的其他业务都表现得差强人意，尤其是数码相机。奥林巴斯当然能制造出世界一流的相机，但是在利润最高的单反相机市场，我们远远落后于佳能与尼康，按这种情况发展，奥林巴斯将在10年内失去自动对焦数码相机市场的领先优势。

截至2011年，奥林巴斯成像系统的净销售额已经从2008年的330亿美元降至170亿美元，累计亏损1.75亿美元。整个集团的经营收入从2008年的10亿美元降至2011年的4亿美元。相比近年来医疗设备行业的蓬勃状态，相机业务的成绩单显得愈发凄惨。但我并没有因此惧怕，我知道如果管理得当，盈利绝对不是问题，尤其是医疗设备业务。我精心挑选了几个特别有才干的助手，在他们的支持和帮助下，奥林巴斯一定可以扭转局势。

菊川一直以来都全力支持我，所以面对未来的挑战我信心十足。他是我可以信赖的导师，正是他让我成为一家92年历史的日本明星企业的第一任外籍总裁。我将从此成为万众瞩目的焦点，还会受到人们的崇拜与敬仰。日本人非常注重忠诚，我在奥林巴斯工作了30年，在这方面我无可挑剔。

菊川的办公室在巨石大厦15层，我站在他对面，凝视着他身后的仿佛屹立于天际的东京都厅。菊川在我心目中就像一位父亲，对于父亲的要求我没有理由拒绝，几秒钟后，我简单地答道："没问题。"

回到柏悦酒店的房间，我立刻打电话给南希，把这个好消息告诉了她。我当时兴奋难耐，但她的哭泣声很快把我拉回了现实，那并不是喜极而泣。南希静静地听我说完，然后对我说："但是你喜欢在欧洲工作啊，而且我们的家也在这里。"她啜泣着说："我们生活得很幸福，你为什么要改变？"

她总是这么固执。"没错，那边有一座更高的山峰，但你也不是非攀不可，不是吗？"我回答道："亲爱的，给我几年时间，让我把这家公司变得更好吧，这是我唯一能为公司做的事。"她很清楚我的脾气，我决定了的事情很难回头。她最担心的是距离会影响夫妻感情，我们都意识到这次改变将打乱我们的生活，但我没想到竟能乱到如此地步。

"黑武士"的最后挣扎

2011 年 4 月 1 日愚人节，我收到了聘用通知。正式就任总裁的第一天，我就代表公司迎接了新一批大学毕业生。几周前，日本遭遇了毁灭性的地震和海啸，大部分外国公民都选择离开，福岛核电站的情况不明朗，全世界都担心这里会发生大面积的核污染。在这种国际援助无法扭转局势的情况下，日本人以一种庄严、克制的方式应对这些灾难，这就是我喜欢这个国家的原因。

我站在装修豪华的总裁办公室里，通过玻璃窗可以看到繁华的新宿街景。整个日本只有 4 名外籍总裁，我是唯一一个在同一家公司，从工薪族一步步走上这个职位的人。2011 **年 2 月，奥林巴斯公布了任命我为下一任总裁的消息，这条消息被世界各地的财经媒体疯狂转载**。外界对我这个外籍总裁寄予厚望，希望我能唤醒奥林巴斯这个沉睡的商界巨人，让拥有世界顶级医疗设备制造技术的奥林巴斯能够做到名利双收。那一天，奥林巴斯的股价大幅上涨。

《金融时报》曾对我和另外 3 名日本大型企业的外籍总裁进行过长篇报道，他们是索尼公司的霍华德·斯金格（Howard Stringer）、日产汽车公司的卡洛斯·戈恩(Carlos Ghosn)，以及日本板硝子株式会社(Nippon

Sheet Glass）的克雷格·内勒尔（Craig Naylor）。当时我对《金融时报》的记者乔纳森·索布尔（Jonathan Soble）说："如果我是一个日本人，就做不了奥林巴斯的总裁。"我对自己的评价是理性、固执，是个"咬住问题不放的疯子"，一个"难题解决者"，这种直言不讳的风格在这里可能不会受欢迎。日本文化强调一致性，重视严格的等级制度，我提醒索布尔："有句俗语叫枪打出头鸟。"

索布尔觉得我很有趣，他这样写道："伍德福德先生以擅长控制成本闻名，曾被称为'黑武士'，而高山先生则被称为'成本杀手'。伍德福德的就任反映了日企高管逐渐国际化的趋势，他 30 年前进入奥林巴斯旗下的一家欧洲医疗设备公司做销售，已经为公司服务了这么多年，相信他并不是一个搞不清状况的局外人。"

我明确告诉索布尔自己正面临着艰难的抉择：保持一致性的确重要，但质疑也不可或缺，而后者往往能带来更好的结果。你必须有勇气面对质疑，毕竟这是一家跨国企业，大部分管理工作都需要在全球范围内进行，而提出疑问是欧美企业的典型特征。

在大量正面报道的支持下，人们很快接受了由我担任公司总裁的事实。随后，公司把这一决定告知了员工和股东。2011 年 6 月，在公司最重要的年度股东大会上，我的得票率超过其他高管。2011 年 7 月 12 日，我在东京帝国酒店正式就任。我身着礼服，站到了全世界面前，奥林巴斯汇聚了全球精英，我会给他们一个满意的结果。

担任奥林巴斯总裁绝不会是一份轻松的工作，我被正式任命为总裁之前，已经从世界各地召集了一支值得信任的管理团队。当前最紧急的任务是削减成本，通常的做法是裁员，而日企很少裁员，但我用一种理性且符合逻辑的方式把不得不做的事解释清楚。裁员能改善公司目前的状况，让奥林巴斯减轻负担，变得更强大。最后中层管理者理解了我的选择，大部分人都接受了这个新方案，只有小部分董事会成员希望维持现状，这并不妨碍我着手实施计划，我相信我们一定可以重振奥林巴斯的雄风。

几周后，我定下了一个目标：4 年内将奥林巴斯的营销成本、日常开支和行政管理费用降低 20%，研发成本除外。这是一个十分大胆的计划，我在多次会议中向金融分析师详细阐述这个目标，大家就计划展开讨论。他们很清楚我的用意，庞大的成本基数问题可以通过改革公司内部结构和工作流程来解决。我们需要一个能反映国际业务特性、尊重文化差异但不受国别限制的部门。国际物流就是一个极佳的例子，我们会直接将产品从工厂送到客户手中，不需要经由分公司发货。

虽然降低成本会产生负面影响，但我传递给员工的信息很简单：大幅度削减行政成本有利于维护和创造真正的价值，设计并制造更受市场欢迎的产品。我安排一个管理团队监督这项全球计划，很快就有了成效。**用实际行动证明你的选择是正确的，所有人都会理解你**。几个月后，公司内部普遍认为，实行改革措施的确有助于公司未来的繁荣。

外籍总裁“迷失东京”

成为总裁后，我在东京停留的时间更长，在那里的时光让我身心愉悦。东京地处平原，是一座国际化大都市，繁华程度位居世界前列。近年来，东京的居民不断增加，城市不得不向西部高山地区和东部的东京湾扩张，东京发展得太快，以至于旅游指南类的书籍恐怕还没上市就已经过时。

走在东京街头，你可以看到摩天大楼旁是传统的日式民居，几乎每家都有一个屋顶花园，种满各种不知名的鲜花。卧室的空间不大，甚至没有足够的空间放置一张床，晚上睡觉时，把日式床垫铺在榻榻米上，早上再把床垫收起来。由于空间有限，所以到处都是可移动式设计。无论地铁、街道、公园还是酒吧，都十分拥挤。

在如此局促的空间里生存，人们必须寻找共存之道，所以日本人非常讲究礼节，我非常欣赏这一点。搭乘全日空航空公司的飞机时，空乘把头等舱的乘客带到座位后，会跪在乘客面前，为乘客换上拖鞋。当我对一些欧洲的女性朋友讲述这件事的时候，她们表示难以置信，我会解释说这些空乘人员只是在很用心地对待他人。

在欧洲工作时，秘书离开办公室会向我点头示意，而我在东京的秘书美智子每次与我告别时，总会对我深深地鞠一躬，她曾在国泰航空头等舱担任乘务长。几周后，我告诉她不用倒退着离开办公室，而且称呼我迈克尔就可以，她好长一段时间才习惯。

我喜欢日本乡间的景色，喜欢爬山、泡温泉。新干线几乎从不延误，工作一天的人们会在晚上相约去喝些清酒，然后去唱唱歌。我在日本结交了很多挚友，至今仍与他们保持密切联系。有人曾说："如果你以为日本非常西化，你会惊讶于它的东方韵味；如果你以为它非常具有东方特色，又会因为它如此西化而失落。"我深以为然。

我之前来东京一直住在柏悦酒店，酒店服务人员非常细心。我把柏悦当作我的第二个家，金字塔形的玻璃屋顶，可以一览东京全景的落地窗设计令人惊叹，以浅棕色和米黄色为主色调的布置赏心悦目，47层还设有室内泳池。索菲亚·科波拉导演的电影《迷失东京》（*Lost in Translation*）令这家酒店名声大噪，电影里的男女主角因为遭受时差的折磨，总是在凌晨4：20在这里相遇。从酒店52层可以俯瞰夜色下的东京，商界大亨经常带着漂亮的年轻女人到这里品尝神户牛排，而家中的妻子对此一无所知。

为显示我留在东京的决心，我在涩谷的高富诺公寓租了一套房子。由于东京地价过高，所以一般的公寓面积都很小，但我的公寓空间很大。虽然租金不菲，可居住条件很好，附近都是涩谷最知名的旅游景点，交通也很便利，公寓紧邻市内最大的地铁站和购物区。最重要的是，这套公寓方便来访的亲朋好友留宿，让他们能亲身体验东京这座国际化大都市的气氛。

南希不愿意随我去日本，于是我们在英国的家就成了大本营。我有两个孩子，儿子爱德华18岁，现在在读大学。女儿伊莎贝尔16岁，马上要到一间像《哈利·波特》里霍格沃茨那样的寄宿学校上学。我打算在东京的时候就心无杂念、全力以赴地工作，每天，包括周末，都工作 14 ~ 16 小时。每隔两周左右，我就借主持欧洲或美国的董事会会议的机会回一次伦敦，与家人团聚。孩子们放假时，南希也可以带他们来东京。那年我已经 50 岁，16 岁从利物浦高中毕业，然后进入奥林巴斯做推销员，稳扎稳打地工作了 30 年，虽称不上平步青云，但也还算一帆风顺。

我现在已准备好领导这个自己奉献了大半生精力的企业，新生活即将开始。在晋升面前，我并没有失去理智，我知道或许只是因为我运气好得出奇，也非常清楚结果很有可能与我的意愿背道而驰，但 *Facta* 杂志披露的消息宣告我的美梦到此结束。

抵达海边后，我与宫泽在温泉酒店里边喝酒边聊天，虽然身体很疲惫，但我们的思维依旧活跃，直到清晨的鸟叫声打断了谈话，我们才决定回房睡觉。我躺在床上，仍然难以入眠，不断揣测日本主流媒体对待这篇报道的态度。纸包不住火，这么重大的新闻迟早会上头版头条，除了等待，我们别无他法。

第2章

内神？外鬼？

2011.08

我举着杂志问他们：“你们知道这条消息吗？”两人都露出畏惧的表情，坦承自己看过，但是上级指示他们不要告诉我。

“谁的指示？”我问道。

“菊川先生。”

2011 年 8 月 1 日，星期一。尽管前一天晚上喝了很多酒，但一觉醒来我却异常清醒。我到酒店前台要了一份英文早报，*Facta* 的报道不仅没有上头条，而且整份报纸上连一条相关消息都没有，似乎没有人对奥林巴斯感兴趣，实在是出乎意料。

或许人们都爱用鄙夷的眼光看待这类揭露内幕的刊物，他们认为媒体不该插手企业的内部事务。为了能及时赶回办公室，我们选择搭乘私家车回市内。抵达新宿前，我与宫泽道别，告诉他与我保持联系，必要的话每隔一个小时告知对方事情的进展。回到办公室，美智子为我准备了拿铁咖啡和羊角面包。工作一如往常，仍然没有任何特别的事发生。午餐时分，我实在难以忍受这种沉默，心想必须找个人问清楚，于是我把最信任的两位日本同事叫到了办公室。

我举着杂志问他们："你们知道这条消息吗？"两人都露出畏惧的表情，坦承自己看过，但是上级指示他们不要告诉我。

"谁的指示？"我问道。

"菊川先生。"

当晚我再一次失眠，两位同事的回答让我辗转反侧。经过一番内心的挣扎，我决定明天就找菊川对质。毕竟我对礼节和对错也有自己的看法，我认为我们有责任采取行动，给股东们一个交代，而不是自欺欺人，刻意忽视 *Facta* 的报道。

星期二8：00，我和菊川与日本一家相机零售业巨头的总裁会面。我们乘坐各自的轿车抵达客户办公室，这次会面属于普通的拜会，进行得很顺利，对方总裁或许也没有看过那篇有关奥林巴斯的报道。会面结束前，他拿出特别准备的礼物，是即将开赛的棒球赛门票，2张给我，2张给菊川。送礼是日本商界礼仪的一部分，但我还没来得及道谢，菊川就将门票从我手里拿了过去。

他告诉对方："迈克尔不需要这些，他是英国人，只喜欢足球，对棒球不感兴趣。"说完他就把那4张门票收进了西装里侧的口袋，这一举动让我有些不快。离开那家公司时，我本以为菊川会提议到附近的咖啡厅坐一坐，谈谈*Facta*的那篇报道，但他一句话都没说。

公司高层为何三缄其口？

当你开始怀疑周围的人时，就很难顾及礼节。回公司的途中，我打电话给美智子，要她尽快为我和菊川以及高级副总裁森久志安排一次紧急会议。10分钟后，美智子回电告诉我："迈克尔，菊川先生的秘书说，菊川先生今天很忙，只有午餐时间有空见你。"

我到会议室时，菊川和森已经坐在里面。会议室的墙壁涂成淡黄色，这种设计明显是20世纪70年代的风格。我一直不喜欢这间会议室，百叶窗遮挡了大部分光线，让人感觉沉重而压抑。

菊川和森坐在会议桌的一端，面前摆放着各式各样的寿司，对面则放着一份金枪鱼三明治，显然是为我准备的。我很爱吃寿司，他们也完全知道我的喜好，这样的安排应该可以说明一些问题。**一场勾心斗角的游戏已经开始，只是没有人告知我游戏规则，我只能走一步看一步。**

我走进会议室时，他们还热情地跟我寒暄，但当我把*Facta*杂志放到桌面上，翻到标题为"鲁莽收购造成重大损失"那一页时，会议室里的气氛突然凝固了。"很多人要我看这篇报道，我为公司的未来担忧。"我举着杂志说，"除了公司的同事，也有一些业内高管和大使馆的朋友。"

补充这句纯粹是为了混淆视听，以免他们追问到底是谁让我看这篇报道，但如果他们问及，我也不会回避这个问题。菊川没有做声，似乎在等我把憋了一肚子的话说完。

我一言不发地翻看杂志上那些刺眼的标题，边看边重重地叹气，最后翻到揭露奥林巴斯内幕的那篇报道。这是一个篇幅较长的专题，刊登了一张菊川的照片，他的表情狰狞，看起来像电影里的反派角色。杂志上有一张图表，详细解释了这场收购的不合理之处。还有在三家皮包公司办公大楼前拍摄的照片，并将那三家公司的商标和奥林巴斯排在一起。我故作镇定地质问他们："这么大的事情，为什么我一点都不清楚？"顿了顿继续说道："这些指控相当严重。"

菊川终于开口了，为了安抚我，他努力表现得友善："迈克尔，是我示意行政部的员工不要告诉你。"我问他原因，他回答："你正在推进改革项目，工作很辛苦，不应该为国内的事情分心。"

我无法接受这样的答案，深深地叹了口气后对他说："我必须和这件事的所有利益相关者沟通。我刚参加完投资人关系说明会，与纽约、波士顿、巴黎、伦敦以及所有海外投资者和潜在投资者会面，回到日本我也要做这项工作。"菊川转开了视线，克制着自己的不满。我继续说道："我是公司总裁，出了这种事，至少应该给我呈一份简报，毕竟报道上的指控相当严重。"大家陷入了尴尬的沉默，直到我轻声问了一句："报道属实吗？"

菊川点头："部分属实。"

"哪部分？"

"嗯……"他思考着如何避重就轻，"我们计提了准备金，也的确有减资行为。"

我直视着菊川，近视镜遮住了他的大半张脸。他努力想维持僵硬的笑容，但眼神中却流露出戒备，这让会议室的气氛愈加紧张。我要求他告知详情，但他始终守口如瓶。

我又转过头看着森，他的头发已经斑白，但两道眉毛又黑又浓，脸上没有任何表情，只是直直望着远处，好像完全没听到我的问话。

这次会谈毫无进展。我必须查清真相，于是去洗手间调整了一下状态，又在会议室单独约见了森。现在菊川不在场，森有可能吐露一些消息，他虽然作风死板，但实际非常聪明，是一个能读懂菊川心思的人。我要抓住机会通过森了解事件的细节，杂志上的报道有不少让我费解的地方，我需要有人从旁解释，才能尽快搞清楚情况。

我尽量让谈话气氛缓和，决定先从 Gyrus 公司问起："为什么 2008 年我们耗资 17 亿美元收购这家公司，现在还要再支付 5 亿美元？"他的回答轻不可闻，嘟囔了几句与优先股有关的内容，然后又闭上了嘴。这个理由完全站不住脚，我知道奥林巴斯已经买下了那家公司的全部股份，不存在少数股东的权益问题。

这时菊川突然出现，打断了我们的谈话，他拿着一本杂志冲进来，问我是否认识照片上的人。我回答那是奥林巴斯主要合作银行的行长，菊川翻译了那篇措辞尖锐的文章，厌恶地表示这些小报总喜欢无中生有，借题发挥，他说媒体应该更尊重企业，说完便匆匆离开。

菊川在会议结束后又折回来，说明他心神不宁。重新与森独处后，我继续向他施压，但他再没有回答我的任何问题，我到现在都能想起那种质问一个不为所动的人的挫败感。除了眼角的鱼尾纹似乎有所加深，他就像一座雕像。我想缓和一下气氛，于是挤出笑容说道："森先生，奥林巴斯是一家高新科技企业，以仪器工艺精湛著称，现在我们居然有兴趣进入化妆品市场了？我们新的全球战略是与雅诗兰黛或者兰蔻一争高下吗？"他还是面无表情，看不出任何情绪波动。"收购生产微波餐具的公司又是怎么回事？"

为了打破沉默，我故意笑起来。森终于开口了，虽然声音低得几乎听不到："那些微波餐具适合糖尿病患者使用。"多么荒谬的解释！我又忍不住大笑起来。我继续问道："撇开缺乏战略性不谈，我们为什么把那些公司的价格估得那么高？现在不是高了一点的问题，而是为什么用高出市价几倍的价钱收购那几家公司？"森还是一言不发，但我不打算继续任由他装聋作哑，于是逼问道："收购这些公司对奥林巴斯有什么帮助？对股东又有什么好处？"森没有回答。

我感到一阵烦躁，怒火终于爆发，提高嗓门大声告诉他："你只是个副总裁，我才是总裁，现在我要求你回答我的问题。"一宗超过 22 亿美元的交易，我有权要求他给我一个合理的解释。

我身体前倾，贴近森，直视着他的眼睛，并提高音量，这对日本人来说特别有压迫感。"森先生。"我问，"你为谁工作？"我以为他的答案是为奥林巴斯工作，或者他是我的下属。**可就在那一瞬，森变得特别坚定："为菊川总裁马首是瞻。"这大概是我们坐下来后，我得到的第一个真实回答。**

房间里的温度仿佛瞬时降到冰点，我忽然觉得身体冰冷僵硬。我努力分析这个答案的含义，心中涌出一股不祥之感，脑海中又回响起南希的声音：为什么要去东京？我们在这里生活得很好，为什么要改变？

森说完那句话就起身离开了，我独自回到办公室，想着自己到底跌入了怎样的陷阱，公司过去发生了一些可怕的事情，如今我也牵连其中。我很想逃出这场可怕的梦魇，可我很清楚，现在想置身事外已经太晚了。令我更加焦虑的是日本主流媒体对此事仍三缄其口，这样的反应实在蹊跷。我必须亲自处理此事，而且要快。

宁静的地中海，CEO 翻腾的脑海

接下来一周，我处于浑浑噩噩的状态，只是机械性地出席各种会议和晚宴。

马上就可以休年假了，就任总裁后我一直尽心尽力，现在我渴望回到南希和孩子们身边。我们计划到西班牙的马略卡岛度假，至少有 10 天可以抛开一切喘口气。我迫不及待地想逃离东京，周五晚，我乘飞机从巴黎转机飞往西班牙。

在马略卡岛，我们特地挑选了远离闹市的卡普洛卡特酒店，它由帕尔马的古代城堡改建而成，周围人烟稀少，风景优美。虽然天气炎热，但那里仍让人感觉平静。我们非常享受那10天的安逸时光，唯一遗憾的是接二连三的手机铃声，以及盘旋在我脑中的各种想法干扰了宁静的假期生活。南希对我在休假时仍不忘工作颇有微词，孩子们也只是假装不在意，但我依然坚持每天工作，经常与英国分公司的同事联系，手机一直处于开机状态。

这个假期我过得很疲惫，南希和孩子们大概知道公司最近陷入了麻烦，但并没有把这些事放在心上。我虽然向他们详细描述了几次会面时菊川的言行，但他们还是无法理解事态的严重性，或许也只有我了解其中的利害关系，所以深陷其中。

我感觉自己就像一个灵魂饱受折磨的战士，虽然做出了一切能让自己摆脱烦恼的努力，可这次假期显然没能让我找回内心的安宁。我开始用酒精麻痹自己，每天太阳一落山，为了暂时将那些烦心事抛诸脑后，我会喝一大杯金汤力，再喝半瓶红葡萄酒，最后再喝上大半瓶白兰地，为了快点把自己灌醉，我喝得又急又猛。每天凌晨，我都因为口渴难耐醒来，总觉得七八亿美元在眼前晃动。**我实在想不通，菊川一直对我如此亲切，为何如今变得特别陌生？**

尽管我们一家人目前聚少离多，但都关心着对方。爱德华和伊莎贝尔都在等待一次重要考试的结果，即使为公司的事忧心忡忡，我还是想多跟他们交流，可我唯一想做的就是一个人坐在海边沉思。

我的情绪始终难以平复，当时整个英国也乱作一团，包括伦敦在内的7座城市都出现了暴动事件。这是英国首次出现由社交媒体联络发动的暴动，他们通过Facebook、推特、黑莓的即时通讯软件彼此联系。我们在电视上看到了国内暴动的画面，为了维持秩序，英国出动了全部警力，首相卡梅隆也被迫提前结束假期回国处理失控局面。

我们在岛上拍了不少照片，记录一家人共同度过的美好时刻。为了增加一些娱乐项目，也为了不让自己总是陷入忧虑，到岛上的第三天，我们包了一艘游艇，在地中海上漂了8个小时，我们沐浴在阳光下，享受着湿润的海风。我们还驾着摩托艇沿马略卡岛海岸行驶，有那么几个小时，我真的忘记了这些烦恼。欢乐的时光总是短暂，我非常渴望得到家人的支持，但不想让我的坏情绪影响了他们的假期。

我随身带着那篇报道的英文版打印稿，有空便拿出来翻看，文中提及了许多不为外人所知的细节，这说明信息来源只能是奥林巴斯内部。然而，公司有 4 万多名员工，我如何找到这位告密者？所以我希望那个人会主动找我，毕竟公司的同事都知道我这个人对待问题黑白分明，恪守道德规范，或者说相当刻板。

2005 年，我曾在汉堡检举他人的一次重大过失，导致一位高管引咎辞职。3 年后，德国税务官指出，2003 年，意大利和德国的经理人涉及一宗总值高达 88.3 万美元的没有任何交易对象的交易。我向东京汇报此事，公司再次给予了极大支持，然而公司不主张提起诉讼追讨那笔钱，因为菊川认为那样做有损奥林巴斯的声誉，所以直到 2011 年 3 月，德国检察官才对涉案的 3 位嫌疑人提起诉讼。

在马略卡岛上，我经常在海滩灼热的阳光下苦苦思索，菊川到底是一个怎样的人？我可以说是由他一手提拔并精心培养的骨干，所有人都认为我们情同父子。大部分职场人际关系都很表面化，但我和菊川之间却十分亲密。实在很难想象，一个跟你如此亲近，常常一起开会和出差的人，到头来你却发现自己并不如想象中那样了解他。

保护伞竟然成了蒙面鼓

对外界来说，我们是一对令人好奇的组合。我是个身材高大的西方人，他是个身形矫健的日本人，我们是充满活力的二人组。大家普遍认为，想解决日本企业的疑难杂症，就要依靠日本和西方文化双剑合璧，由西方人负责成本削减，因为日本企业奉行禀议制（在决策时，先由基层主管单位提出设想，制定政策方案，逐级呈报，逐级审议，最后由最高决策者定案的决策制度。——译者注），很难做出这样的决策。

半年前，我以奥林巴斯新任总裁的身份在东京出席新闻发布会时，曾宣称菊川是我最有力的支持者和“保护伞”，他将帮助我把奥林巴斯欧洲分公司的改革成果推广至整个集团。“推行改革往往涉及很多敏感议题以及复杂的人事问题，在奥林巴斯，我们可以轻松讨论这些议题。”我当时信誓旦旦，现在回想起来，这就像一个笑话。

答记者问时，菊川表示会把公司运作和策略制定方面的工作交给我，他主要负责与银行、日本股东以及供应商的关系维护。他还对记者说：“我对伍德福德先生只有一点不满，他只爱好跑步和航海。”这句话引得全场哄笑。“我已经命令他学习高尔夫了。”他露出浅浅的微笑，“日本企业的主管必须会打高尔夫。”

当晚，我打电话给一位身在汉堡的同事，向他抱怨道：“我特别讨厌高尔夫，如果我真的拿起球杆，你就来日本一枪毙了我。”

除非是有外人在场的正式会面，否则我一律称呼菊川为“汤姆”。这是他为自己取的英文名，但只有我能以这种亲切的方式称呼他。我们之所以如此亲密，是因为他曾在美国工作多年，能说一口流利的英语。

他总是叫我迈克尔，在我成为总裁后则叫我总裁先生，或者用日语称我为“社长”。菊川一直非常客气，公开场合会叫我伍德福德先生。他常常表现得很和善，2002年，我获得了查尔斯王子授予的员佐勋章，菊川在东京知名的意大利餐厅为我设宴庆祝。他说他为我取得这样的荣誉感到骄傲，并送给我一支黑色的万宝龙钢笔，它至今仍被珍藏在我装袜子的抽屉里。由于我经常遗失手表、钢笔、钥匙之类的小物件，所以如果我把它拿出来用，可能过不了几周就丢了。

如此的亲密也有限度。虽然我在伦敦也见过他的两个儿子，他们都很招人喜爱，却从没见过他的妻子。菊川常常提及他养的两只贵宾犬，他非常喜欢它们，经常给它们穿漂亮衣服，甚至他的电脑屏保都是那两只狗穿着华丽外套的照片。

我常以开玩笑的方式跟他讲述娶到一个强势的西班牙女人会有怎样的婚后生活。他也会微笑着告诉我，他妻子外出前总是把所有饭菜都准备好，装进一个个保鲜盒，放在冰箱里，他回家后只需要把饭菜热一热就可以吃了。我回答说，“你开玩笑呢吧，我妻子不在家时，我只能到超市买一盒速食餐，放进微波炉里热一热。”听到我夸张地叙述自己的悲惨经历，他就会放声大笑。我们几乎每天互相吐露心声，这让我觉得彼此能够理解和信任。

我与菊川是完全不同类型的人，性格上恰好能形成互补，我认为与他搭档效率一定会非常高。如果经常能凑在一起调侃一番，以开诚布公的方式交流，我们一定能建立非常牢固的合作关系。然而菊川的弱势也很明显，他对公司医疗事业部的认知缺乏深度，这是奥林巴斯的主要盈利业务，我对此感到吃惊，也十分担忧。尽管有时候他说的话毫无章法，下属也都不敢戳破。我终于理解了在《皇帝的新装》里，为什么没有人问皇帝怎么不穿衣服。

在日本，人们普遍认为位于层级顶端的人无所不知，无所不能，所以无论菊川说什么，无论内容有多离谱，其他人都把那些话奉为至理名言。我在日本的会议或活动上发言时，与会者也总爱把我说过的话记下来，即便我认为没有记录价值的话，他们也悉数收录。在这里，公司高管的发言特别受重视，大家就像在参加布道大会，我的一位前同事把这些无意义的发言称为“放狗屁”。

相比之下，我的管理风格截然不同。**我很少被动接纳别人的观点，对于演示报告的内容，我从不全盘接受，而是喜欢提出质疑。**一名主管向我汇报某件事，我会要他提供更多论据。所有人都视演示报告的内容为真理，只因为演示人声音洪亮而自信，这种情况我见过太多次了。经常有人指责我的管理风格过于严苛，但我认为高级主管在工作中如果缺乏批评精神，显然过于粗心。看到他人的优点并不是坏事，但你同时也应看到他人的缺点。

我认识一些在强生和苹果等欧美企业工作过的日本经理人，他们在那里学会了质疑，这正是构建奥林巴斯高层团队需要的人才。 根据我的经验，日企中存在很多无意义的杂音。而我的关注点是结果，以及由谁或在哪里达成这一结果，这为我在衡量各个部门绩效时提供了依据。虽然质疑会让气氛变得紧张，但唯有这样才能以客观的视角发现企业的优势与劣势，在我看来这才是管理的本质，而菊川不具备这个能力。我经常拿他跟我心里奥林巴斯的英雄河原一三（Ichizo Kawahara）作比较。河原曾是医疗事业部总裁，他不但是一名工程师，也可以说是现代内视镜之父。虽然英语不好，但他非常了解西方人的优缺点，不费吹灰之力就能看穿谁在“说屁话”。

除了熟知产品的制造及使用方法，河原对人性也有着深刻的洞察力，我认为他是与我共事过的最出色、最有效率的经理人之一。他在奥林巴斯内部很有名，并不仅仅因为他那支传奇的红笔。电子邮件还未出现时，他会在备忘录或信件后面批注“胡说八道”或者“写的时候动一动脑子”，我把他视为具备所有日本传统美德的典范。河原虽然在公司平步青云，坐上了医疗事业部总裁的位置，但他始终心系产品和顾客。他本该继续晋升，成为集团总裁，但这个位子却最终落到了下山敏郎手上。下山敏郎被视为20年前“Tobashi”的首创者（Tobashi在日文里是“飞走”的意思，用来形容隐藏投资损失。——译者注），跟河原先生相比，他低了可不止一个档次。

河原先生根本看不起下山，开理事会时，他宁愿低头处理文件也不愿意多听下山一句话。1994年6月，河原先生从奥林巴斯退休，我最后一次见他是2011年夏天一个周六的下午，当时我已经是集团总裁，我们在京王广场大饭店的中国餐厅共进午餐。虽然他已70多岁，但他的思维依然像过去一样敏锐。我们有说有笑，聊了好几个小时，回忆过去的美好时光。

我经常想，如果当初由河原先生担任总裁，奥林巴斯如今会是怎样的一番景象？相较之下，菊川有些虚荣，非常在意自己的形象，他总是西装笔挺，发型也打理得一丝不苟，在他办公室的玻璃隔间后还有一台跑步机。2011年7月，我们在帝国酒店彩排我的就职典礼，经过酒店购物区的一家精品店时，他告诉我上周在那家店买了3条领带，每条500

美元，我觉得这类炫耀缺乏格调且毫无意义。我曾在希思罗机场的免税店买过一双普拉达（Prada）皮鞋，结果字母 P 掉了，这是老天在警告我虚荣的下场。

相似的经历不止一次，公司 2011 年的年报需要我和菊川的一张合照作为封面，年报制作得相当精美，价格也不低。他们要求我身着灰西装，菊川会穿蓝色西装，领带也由菊川亲自挑选："我打这一条，迈克尔打那一条。"拍摄其中一张照片时，他站在一个箱子上，而我则要弓着身子，缩小我们的身高差距。拍摄过程持续了数小时，现场有多名随行化妆师和公司公关部的同事，所有人众星捧月似地把菊川围在中间。

大家都对菊川毕恭毕敬，每个人都知道，菊川有着极其强硬的一面，我也见识过他受到挑衅时对付前任主管的手段。有一位最具才干的主管意识到菊川大权在握，一手遮天，顺从的董事会总是站在他那边时，选择了离职，这让我见识了公司不允许分歧存在的一面。当我得知，所谓的集团独立常务监事森久志和山田秀雄除了经常跟菊川共进午餐，他们的薪酬也由菊川亲自决定时，我感到惊诧不已。相应的，菊川的薪资也由他们二人决定。

从管理的角度讲，这是不能容忍的勾结行为。奥林巴斯没有正式的薪酬委员会，这在日本业界司空见惯。而相比之下，欧美企业主管的薪酬常常饱受争议，股东们频繁地提出抗议。**菊川时代的管理缺乏有效控制，也不存在制约与平衡，这相当于鼓励董事们相互包庇**。

躺在马略卡岛的长椅上，我想起自己每次以总裁身份出席会议时，菊川都会坐在我旁边抽烟。奥林巴斯有严格的禁烟制度，他却经常在会上吞云吐雾，或许因为他认为自己是老板。作为董事长，菊川将这些规章制度视为儿戏，这给其他员工树立了糟糕的榜样。如乔治·奥威尔在《动物庄园》（*Animal Farm*）中所言："制度只用来约束大众，少数人则可以享受特权。"自我来到日本，菊川过去没有展现出来的一面逐渐在我面前展开。他钟爱大都市上流社会的奢华生活，喜欢受众人瞩目，总想控制他人，他很快便发现，我是一个讨厌被控制的人。

拜托了，只有你能拔掉这颗毒瘤！

8 月底，我恋恋不舍地离开了马略卡岛，与家人告别。随着飞机降落在成田机场，我的心里又变得阴云密布。大儿子爱德华和他的朋友托比与我同行，爱德华一路上因考试成绩优秀心情大好。我本以为自己再也不愿意回日本了，但身边两个活力四射的年轻人多少带给我一些快乐和动力。我暂时把烦心事抛诸脑后，每天和爱德华一起玩，我们甚至还去了“恶名昭彰”的女仆咖啡厅，在那里，如果你点了一杯咖啡，必须模仿猫叫才能央求店家给你牛奶和糖。

孩子们对菊川很好奇，于是我带他们去了趟公司，把他们介绍给菊川。爱德华知道 *Facta* 提出的控诉，有一天晚上，他提醒我：“菊川很有魅力，如果想撕掉他的面具，你必须拿出足够的证据。”我的确得到了这样的机会，未来几周，我要到德国、捷克以及美国新罕布什尔州的工厂调研，然后到纽约参加奥林巴斯美国分公司的董事会。按计划，除德国和日本制造部的同事需要随行，森也在出行人员之列。

奥林巴斯集团在德国汉堡的工厂声誉颇高，工厂员工很热情地接待了我们。森则表现得比较冷淡，只礼貌性地与会面者聊了几句。我想表现得尽量职业化，专注眼前的工作，但我一直难以集中精力。那个问题反复出现在我的脑海里：“那十几亿美元到底去哪了？”但那段时间我忙得焦头烂额，一直没有机会问森。

我总是很珍惜与同事一同出差的机会，这是了解他们的最佳时机，呆坐在巨石大厦 15 层的办公室里无法经营好一家跨国企业。每天行程结束，我们都要出去聚餐放松一下，我很庆幸每天晚上都能和许多同事在一起，这样我就不必跟森独处。经历了上次气氛紧张的谈话，我们的关系一直很疏远。

森在社交场合与他那天在会议室的表现没什么区别，他总爱低头紧盯着餐桌上的盘子，唯一的动作是机械地活动下颚，仔细咀嚼嘴里的食物，慢慢咽下。我们一起吃了两顿晚餐，彼此完全没有交谈过。

某天晚上，我和一位要好的同事一起到酒店小酌一杯，我们聊到很晚，我提到追查下去可能会出现非常严重的后果，而且一旦开始，就没有回头的可能。这位同事是一个非常严谨、对公司忠心不二的人，那天他依然如此。

他说："迈克尔，我知道如果你不这么做，错误就无法得到纠正，权力将始终在心怀不轨的人手中传递。"他提到一位现任董事，"我恨他。"他用凄凉的声音说道，"我很担忧公司的未来，你必须坚持下去，只有你能挽救公司，只有身为总裁的你才能查明真相。只有你能做到，如果你不把毒瘤除掉，它就会永远潜伏在公司体内。拜托了！"这次对话坚定了我的决心。

第3章

踏上孤独的告密之路

2011.09

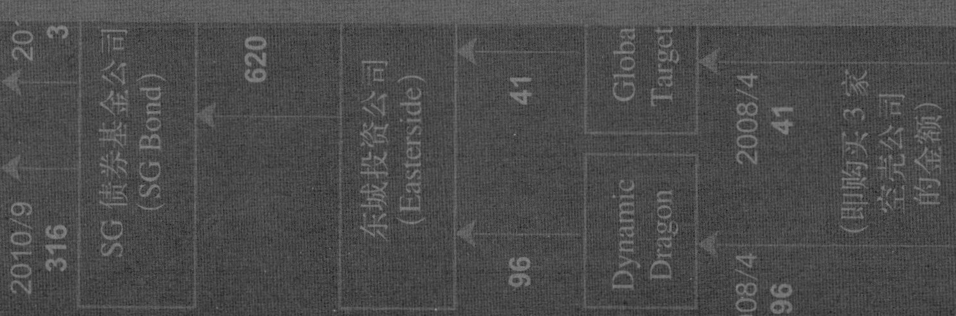

已经到了做决定的时刻，我必须写下我关切的事，留下书面证据。

这是我成为总裁后第一次受到如此具有攻击性的公开质问，这些质问都经过事先演练，只是我没有受邀参与，我突然感觉自己被完全孤立。

2011 年 9 月 19 日，我飞往纽约，开始了美国的行程。当晚抵达后，我会见了美国奥林巴斯手术工业公司（Surgical & Industrial America）的前董事乔尔·扬。

这是我在纽约亲手成立的公司，扬是一个高大魁梧，拥有运动员身材的帅小伙。2008 年这家公司重组，我被剥夺了经营权，2009 年倒闭。扬为公司忠诚服务了 20 年，却落得被裁员的下场，他说感觉自己就像一个弃儿。在他重新找工作的艰难时期，我们依然保持联系，也因此结下了深厚的友谊。

当晚，我们在纽约第五大道的安达仕酒店共进晚餐。刚落座没多久，扬就拿出一个包裹，兴奋地要我立刻打开，里面是美国第一版的《动物庄园》，这是我最爱的一本书。当大型企业的资深主管最有可能误入歧途并脱离现实时，我经常引用这本小说里的内容。**他竟然记得我们曾聊起权力的危险，我俩几乎异口同声地背诵了书中小猪“拿破仑”的名言：“所有动物生而平等，但有些动物更平等一些。”我们都清楚哪些同事已经成了小猪“拿破仑”式的人。**

我非常信任扬，于是向他讲明了整个事件的始末。他认真听着我的叙述，慢慢露出震惊的表情。一段沉默之后，他说：“人的一生总要面临一些截然不同的选择。”

他也向我讲述了一件 1994 年发生的事，当年在康涅狄格州的布里奇波特，他在停车场看到一个歹徒挟持了一名年轻女子，扬不顾个人安危，跳上车开始追击歹徒。

扬生性谦逊，如果我把他英雄救美的故事完整重述一遍，他会不好意思。事后警方明确表示他当时的英勇行为救了那位女士一命，在那样危急的情况下，相信没有多少人能像他一样挺身而出。

在你举棋不定时，有人告诉你做了正确的选择，这非常鼓舞人心。**我开始意识到告密者所选择的道路将异常孤寂，你会受到排挤，虽然偶尔会遇到一两个同伴，但总的来说，你就像流落孤岛的鲁滨逊，或者像《荒岛余生》里对着排球讲话的汤姆·汉克斯一样孤独**。经过曼哈顿餐厅一番推心置腹的密谈后，我与扬联络得更加频繁，几乎每天都会跟他通过邮件或电话沟通，请他给我提供一些明智的建议。

第二天，我飞往新罕布什尔州的莱巴嫩市造访奥林巴斯刚刚收购的奥林巴斯生物科技公司（Olympus Biotech），这家公司正在合成一种可促进骨质生长的血液蛋白质。这与奥林巴斯传统业务完全不同，我认为这也算是一次不同寻常的收购，所以想多了解一点，判断这是否又是一家令人失望的公司。结果这家生物科技公司运营非常好，而且极具潜力，与相关人士会谈后，我充满信心。身为总裁，我的职责就是对能给公司带来美好未来的产业给予充分的赞扬和鼓励。

我对奥林巴斯的整体规划是对现有产品线加大投资，尤其加大医疗设备方面的投入。我们拥有世界领先的研发团队，依赖现有优势可以继续向多个领域扩展。这种做法比起昂贵的收购，不仅更省成本，而且更具成效。随着时间推移，那桩收购案背后的真相正慢慢浮出水面。

那天傍晚，我搭乘小型私人喷气飞机，与奥林巴斯生物科技的同事从新罕布什尔州飞回纽约，飞机降落在新泽西泰特波罗机场（Teterboro Airport）。虽然离曼哈顿只有 19 公里，但由于交通拥堵，回到安达仕酒店后，我只有几分钟时间休整，然后就要外出聚餐。用餐地点是一家牛排馆，一同前来的有美国分公司的其他董事会成员以及来自加拿大和拉丁美洲分公司的同事。

晚上大家齐聚一堂，在座的有威尔士人、西班牙人、德国人，还有英格兰人和日本人，这样一个不拘一格广纳贤才的跨国管理团队，让我不禁想到企业顾问总是不厌其烦地强调全球化的重要性，我为公司拥有这样一个全球化的团队而骄傲。

吃完饭，大家决定到我住的酒店喝一杯。当时已经时至深夜，安达仕酒店的酒吧人满为患。我们特意挑选了一间位于角落的包厢，*Facta* 杂志对公司的内幕报道已经传开，成了企业高层热议的话题，同事们很想知道那些指控是否属实，我答应他们尽可能查明真相。

大家都很支持我，但最终还要由我决定是否写信给菊川和东京董事会挑明此事。其他董事会成员不愿意直接参与此事，我不会责怪他们，因为他们不可能放弃事业和家庭，一旦出了问题，他们的结局会非常悲惨，我也可能失去今天拥有的一切。

由于整个旅程过于兴奋，加上时差的影响，第二天凌晨 3：20 我就起床了。我只睡了短短两三个小时，昨晚又喝了酒，睡前还吃了安眠药，我昏昏沉沉地在房间里游荡。我习惯醒来后先打开笔记本电脑，收件箱里出现了一让封我既害怕又期待的邮件。

丑闻背后的黑色势力

前一天，*Facta* 刊登了第二篇关于奥林巴斯的报道，附件就是那篇报道的英文版。我怀着忐忑的心情点开那封邮件，那本可怕的杂志又会揭露什么内幕？他们还知道哪些奥林巴斯不为人知的秘密？

奥林巴斯极力掩盖真相并拒绝回答所有问题的行为彻底激怒了这位正直的记者。

> 我懂了，你们以为这样 *Facta* 就没辙了是吧？恐怕我现在已经抓住你们的小辫子了。
>
> 走着瞧吧，镁光灯会聚焦在奥林巴斯身上，我们新一期的

杂志会揭露奥林巴斯的所有阴暗面，现在请你们细细品尝濒死的恐惧吧。

我没有开灯，漆黑的房间里只有电脑屏幕发出的微光。我逐字逐句地读着，越看心情越沉重。这篇报道披露了其中一家皮包公司 Altis 的股份结构，股东名单上除了奥林巴斯，还有两家名称怪异的公司：Neo Strategic Ventures 和 Dynamic Dragons II，两家公司均注册于开曼群岛。*Facta* 记者以夸张的手法写道：被掩藏在层层黑幕中的资金流向终于得以重见天日。

不仅如此，*Facta* 又把一家叫 J Bridge 的公司与以上两家公司联系到一起。J Bridge 被怀疑与反社会势力有关，资本市场对此避之不及。*Facta* 还写道：

> 这一切令人难以置信。奥林巴斯是一家历史底蕴深厚的跨国企业，这家公司不仅因为管理失误造成重大经济亏损，还暗中资助反社会势力，这么疯狂的事情，真不愿意相信它是真的。

我的心顿时凉了半截，穿着浴袍在房间里踱来踱去。反社会势力就是对日本黑帮的委婉称呼，连我这个搞不清状况的外国人都心知肚明。这篇报道引发了我新的恐惧，我不仅要担心 *Facta* 指控奥林巴斯的欺诈行为，还要担心这次事件牵涉的反社会势力。日本黑帮（Yakuza）是类似黑手党的组织，在日本有近百年历史，2009 年美国调查记者杰克·阿德尔斯坦（Jake Adelstein）出版了一本书《东京罪恶》（*Tokyo Vice*），让外国人了解了日本的黑社会组织。

阿德尔斯坦是个勇敢的独行侠。这个来自美国中西部的犹太人 24 岁时机缘巧合地在读卖新闻报社找到了一份工作，成了一名调查记者。这份报纸的日发行量高达 1 350 万份，是全球阅读量最大的报纸之一。他是第一个以日文记者身份在日本新闻界工作的美国人，20 多年来，他每周有 80 小时待在犯罪现场，记者的身份让他可以用西方人特有的视角来近距离观察这个国家。

当年，阿德尔斯坦因为追踪一名到美国去移植肝脏的黑帮头目差点丢了性命。当时黑帮找上门来，警告他不准发布那篇报道，并威胁他说："不砍掉那篇报道，我们就砍死你，甚至连你的家人也一起砍。我们会先从你的孩子下手，这样你还有机会学乖。"后来他仍然发表了那篇报道，警方为他和家人提供 24 小时保护。阿德尔斯坦像是侦探小说里的人物，这座城市里流传着他的传奇故事。

正是这本《东京罪恶》唤醒了社会大众，大家开始重新审视日本的黑帮，他们已经从全身刺青、穿白西装、拿武士刀、从事敲诈勒索和色情行业的恶棍变成了"社会白领"，这些人被金融界的高额利润所吸引，也想分一杯羹，阿德尔斯坦形容这群人是"拿着枪的高盛集团"。

根据阿德尔斯坦的说法，日本人热衷于一切秩序，连犯罪也井然有序。10 月版 *Facta* 上披露的内容让我深刻意识到事情的棘手程度，我并不希望自己的名字出现在《东京罪恶》的续集上。

连写 5 封邮件，向董事会质询真相

事情已经超出控制，我知道必须给公司相关人员致信表明态度，如果得不到答案，我决定不再回日本。这件事必须马上处理，不能再拖下去。读了 *Facta* 的报道后，我最害怕的就是分不清到底谁在明处，谁在暗处。我感觉自己好像掉进了悬疑小说似的情节，不停想象着各种可能性。新宿巨石大厦远在地球的另一端，我脑子里充斥着那里见不得人的勾当。

当天，我要去东 57 街的四季酒店参加美国公司董事会。我住在东 41 街，因为想呼吸点新鲜空气，一个人静一静，所以没搭计程车，拖着行李穿过车水马龙的街道，走了整整 16 个街区。我一边走一边听着轮子在石子路上滚动的声音，旁边有黄色计程车经过，司机不耐烦地按着喇叭。废气不断排出，人行道上满是赶着上班的行人，一切平静如常，

除了我刚得知自己服务了多年的公司涉嫌参与一些见不得光的事。怎么会这样？我到底遭遇了什么？我是不是在做梦？

或许只有藏身于纽约的人群和噪声里，我才能感到些许心安。会议休息期间，我逐个跟昨晚一起喝酒的主管交谈，把事情的最新进展告诉他们，并表达了自己的焦虑。大家一致认为我应该请法务会计师介入调查，这样涉案人员就会被迫离开公司，也有人觉得事情没有那么简单，要我小心行事。

当天晚上，我乘飞机回到英国。伦敦城市机场位于旧码头区，机场跑道两端水域开阔。飞机降落在跑道上时，太阳刚好从东边升起。我回到奥林巴斯的英国总部，要求秘书和同事全身心投入调查，我则开始写第一封邮件。我非常信任他们的能力，他们也很清楚我的用意。

尽管身心疲惫，但我知道事情已经不能再耽搁，必须留下书面证据。那两天我都把精力放在撰写函件上，删改了无数次，终于在周五深夜完成。这封邮件的收信人是森，标题用的是全部大写的英文字母。

对公司的收购案提出严正关切

致奥林巴斯集团相关人员。我已经详细阅读了9月20日出刊的*Facta*杂志中关于本集团的最新专题报道的英译版，之前7月版内容已引起我的重点关注，最近刊登的报道则加深了我的疑虑。

该杂志报道的内容不仅涉及多项与奥林巴斯声誉相关的议题，亦牵涉近年与公司收购案相关的公司管理制度与内控机制。我并非为了彰显正义，也并非不顾忌自己高级主管的身份。身为公司总裁，我有了解所有相关议题的责任。此外，公司若有任何有损股东利益的行为，我也有揭发的义务。

……

这是一封2 500多字的长信，言辞有礼但切中要害，而且我提出质疑的方式董事会无法忽视。我要求获悉 3 桩收购案的明细以及收款人身份，并向森提出 8 点要求：

- 说明奥林巴斯与卖方的关系；
- 解释投资 3 家公司的原因；
- 提供实地核查报告以及全部佣金付款记录；
- 解释当时如何确定每一家公司的收购价格；
- 说明收购决策如何获得批准；
- 明确资金来源；
- 提供仍需支付的款项明细；
- 所有可能造成利益冲突的细节以及相关公司当前财务状况和预期收益。

那个周末，我们一家人要去英国南海岸拜访住在伯恩茅斯的朋友。因为写那封邮件，我迟了几个小时才出发，近午夜才抵达目的地。我之前已打电话告诉南希我会迟一点到，让她下午带着爱德华和伊莎贝尔先过去。朋友热情招待了我们，喝了几杯酒后，我就抵挡不住困意睡着了。这是我看到第一篇报道以来，睡的第一个好觉。

周六早上醒来，我感到精力充沛，习惯性地打开电脑，欣喜地发现邮箱里有一封来自日本的未读邮件。可邮件没有内容，森的邮件跟他本人一样，既令人费解又让人恼火。

这次度假计划已久，我原本期待和两位律师朋友及他们的两个儿子共度周末，但我总是扫大家的兴，工作占据了与他们相处的宝贵时间，不仅如此，我还在主人家的厨房里办公，这引起了所有人的不悦。他们都出门后，我开始起草第二封邮件。我明确表示，如果得不到具体答案，我一定会邀请著名会计事务所的独立会计师介入调查。除非把我要求的资料发给我，否则我不会返回东京。我原计划下周一搭晚班飞机回日本参加当月的董事会，但如有必要，我已经准备好延期返程。

我很快收到一封回信，这封邮件提供了更多细节。森显然在尽力，但他的答复远不能令我满意。紧接着，我又收到另一封邮件，这次的发件人是菊川，邮件里说，我这样的沟通不会有效果，要我立即停止这种行为，这简直像一场“邮件象棋比赛”。

这个周末显然不像大家期待的那样轻松，但朋友和家人对我很宽容，朋友两个年幼的孩子都有所察觉，知道迈克尔叔叔正在与几个“坏人”搏斗。那段时间，多赛特海岸的天空总是阴沉沉的，南希实在受不了我一心扑在工作上，不仅无视她，也忽略了所有人。

我尝试向她解释这件事的重要程度，但她听了太多次这种理由。朋友们对我依旧和善，也表示同情，但他们还得照常过日子。我看得出来，如果没有我，大家会玩得更开心。那天晚上回家的路上，南希一句话都没有对我说，可我还是回办公室见了几个比较亲近的同事，为了撰写第三封邮件的工作忙到很晚。

这封邮件和第一封一样长，我在邮件里表达了种种担忧。隔天我接着写第四封邮件，这次的收件人是菊川，所有邮件都抄送给了所有董事会成员。我刻意开始直接写邮件给菊川，因为他才是幕后操控者，我不希望他躲起来。

隔了一段时间，我又写了第五封邮件：“如果连如此基本又明确的问题都得不到满意的答复，那么除了辞职我别无选择。”如今形势一触即发，如果我真的辞职，消息公布后将成为重磅新闻，各国媒体必定对此趋之若鹜。外籍总裁辞职，而且公开质疑奥林巴斯的商业行为，这一定是头条新闻。

写了那么多封正式信函，我觉得自己俨然成了一个律师。用精准的语言逼迫公司董事，让他们说出真相，这有助于我厘清思路，如果他们故意对我有所隐瞒，那么我必须独自挖掘所有细节。

此外，后两封邮件我也寄给了安永会计师事务所（Ernst & Young）。除了安永会计师事务所在日本的公司，我也寄给了亚洲、欧洲、美国等地的合作事务所，以及安永全球总裁兼 CEO 詹姆斯·特利（James Turley）。

我的目的是将此事的调查过程彻底透明化。我不是告密者，至少当时还不是，我的确曾希望此事的调查能在公司内部进行，但那需要其他董事配合，而他们显然不会那样做。

用如此正式的方式通知与奥林巴斯合作的会计师事务所后，我知道不管自己发生什么事，真相都会被公之于众。无论最后是什么结果，菊川与森都要为这件事负责。

第五封邮件的内容让我更加确信事态非常严重，我必须把了解到的真相告知更多人。不管日后面对怎样莫须有的指控，对法官而言这都是无效的，因为我已经把邮件副本抄送给安永会计师事务所的总裁，我不会再保持沉默。这是我的一项战略，面对看不见的敌人，这就是一场没有硝烟的战争。

菊川现在一定对我恨之入骨，他明知我是怎样的人，事情发展到今天只能怪他自己。我有条理、有准备，而且能保护自己。我等来了第五封邮件的回复，发件人是森，他努力回答我的问题，但仍旧没能解释清楚收购 3 家皮包公司并支付巨额咨询费的原因，但他的回答足以让我下决心回到东京。我比原定计划晚了一天，搭乘法国航空夜航航班从巴黎转机，于 9 月 28 日星期三傍晚抵达日本。

9 月 29 日上午 9：00，我准时抵达巨石大厦，私下与菊川和森会面，这也是我答应回日本的条件之一。我走进会议室，他们已经坐在桌旁等我，二人中间隔了好几个空位。我面对他们坐下，菊川坐在我左前方，森坐在我的右前方。

会议开始前，我坚持要求懂英语的同事在场作证，他们十分意外。我表示没有证人在场无法进行会谈，最终他们不情愿地接受了这个条件，我的坚持说明彼此间已毫无信任可言。这是一次怪异的谈话，更怪的是中途我们还得到隔壁会议室去参加一场退休典礼。

我和菊川一起主持典礼，强挤出笑容与大家握手鞠躬。总裁与 CEO 同时现身象征着公司高层管理团队团结一心，我们就像日本艺伎，显然是在众人面前表演，人们看到的是和真相截然相反的东西。现在我脸上还挂着笑容，感谢这些为公司服务了一辈子的员工，仪式结束后，我又要回到会议室，面对让整个集团陷入危机的人，这种怪异的反差让我感觉一切都是假象。

然而，至少我现在终于有机会当面告诉他们，这些重大问题不会被轻易略过，我需要一个结果，所有的股东也需要一个结果。我提出由我担任 CEO 监督整个调查过程，此外，我希望让法务会计师团队介入调查，这是查清事实真相的唯一办法。

听到要让出 CEO 一职时，菊川立即沉下脸来，说公司的日本董事不可能接受这种变动，于是我一边收拾文件一边说："那好，我辞职。"菊川不愿意听到我说这种话，这场谈话演变成一场口水仗。他脱口道："你要和我作对吗？"我向他保证："不，我不是在和你作对，但你必须明白一点，我只是在要求以正确方式管理公司的权力，这不正是你晋升我为总裁的原因吗？"菊川突然暴跳如雷，整张脸涨得通红，又因为过于愤慨而变成了紫色。

我说道："别对我发火，我不是你的贵宾犬！"森时不时插进几句，想缓和气氛，但事态已经失控，场面丑态百出。揭开他们冷静礼貌的面具后，他们的本性便暴露无遗。

菊川执掌奥林巴斯 10 年，他极少、甚至从没被人要求过解释自己的行为，没有人敢挑战他。此时此刻，他依然认为自己是任何人都无权干涉、拥有至高权力的王者，他相信他也可以控制我。

大吼大叫没有收到效果，他又变得温和起来，问我是否愿意回欧洲从事原来的工作，试图用这种手段挽回颜面。我的回答很坚决，在眼下问题圆满解决之前，我哪里也不去。我当时说："汤姆，我是总裁，这是我的职责。"我不会就这样让开路，当作什么都没有发生。菊川无可奈何地点点头，他知道自己只能暂时屈服，另想他法。会议告一段落，也许在菊川和其他董事谈过我所坚守的原则后，还会再次召开会议。

那一天很难熬，但我相信真理站在我这边，想想内幕曝光的后果，相信董事会不会轻易解雇我。我在日本也为众多媒体熟知，我是第一个从基层销售一步步做到公司最高职位的外国人。虽然成为 CEO 的机会不大，但如果我能成为 CEO，一定能做出正确的选择，首要任务便是请一组法务会计师调查账目。我有必要和董事会谈一谈，告诉他们我的下一步行动，单凭我一个人无法将公司内部的毒瘤彻底清除。

菊川刚真的会放弃 CEO 职务吗？

当晚，我必须在 18：00 离开公司，到英国大使馆参加私人晚宴，拜访英国驻日大使大卫·沃伦及另一个外籍总裁，时任索尼公司总裁的霍华德·斯金格爵士。

17：50，菊川和森折回来找我。两个人的态度突然转变，露出一副拿我没办法，只能认输的表情，而且对我十分热情。“迈克尔，我将在明天早晨的董事会会议上提议由你兼任总裁和 CEO。” 菊川说，“我不会再参加执行委员会的管理会议，未来的董事会人选完全由你负责提名。”他直视着我的双眼，一脸诚恳的态度请求我的同意。我欣慰地笑了笑。最后菊川说：“迈克尔，我只担任董事长。”过了几秒钟，他又加了一句，“你觉得这样可以吗？”

赴宴的时间快到了，我必须离开。于是我对菊川说：“谢谢你，我松了一口气。我确信这种安排能让公司朝正确的方向前进，我会竭尽全力帮助公司渡过难关。”我不想表现出获胜的样子，菊川愿意放下尊严恳求我实属不易，我们微笑着握手道别，仿佛这只是一次普通的会谈。我离开会议室时，看到了另一位同事，从他波澜不惊的表情来看，他跟我一样，显然不相信菊川真的会放弃 CEO 的职务，最后一幕戏已经上演了吗？

我走进空荡荡的电梯，直接到地下室，尼克在那儿等我。我深吸了几口气，终于明白什么叫如释重负。抵达大使馆后，我对今天发生的事只字未提。斯金格一脸疲态，他同样面临非常棘手的问题，他来日本的任务是重振索尼，但索尼的经营状况根本没有好转的迹象。当晚，我怀揣着希望入睡，想着或许终于有机会查清真相，但我低估了菊川，他接下来的行动杀了我一个措手不及。

日本董事“众志成城”

第二天有一场董事会会议，会上讨论了几项议题，但与我关心的事情无关。看了一张又一张幻灯片后，我打量起了几位董事的衬衫，他们的衣服精致华丽，我想知道他们的内心是否一如外表般整洁。

预定议程结束，菊川简要地提出由我兼任总裁和CEO的职务，并强调他不会再出席执行委员会，未来的董事会成员均由我任命。随后他要求董事会成员对刚才提出的建议投票表决，大家一致通过。他们让我在会上发言，我简单地阐述了想要查明的问题，试着不引发任何不必要的冲突。有那么几分钟，我真以为事情获得了一些切实的进展。但接着菊川说：“大家有没有异议？”

话音刚落，三只手同时举了起来。他们的反应非常迅速，显然是有备而来。抢先发言的是铃木正孝，他是欧洲公司董事会主席，我和他曾在欧洲共事多年。他直视着我，表情有些不悦：“自始至终，你都知道收购Gyrus公司的事，还公开表示过反对。为什么现在重提旧事？你已经就任总裁6个月了，不是吗？”

我平静地说自己确实知道收购的事，当时也的确质疑过昂贵的费用，并特别指出集团在日本和德国早已制造出品质更高的产品，但我现在担心的问题并不是2008年17亿美元的收购案，而是为什么2年后，我们又额外支付了5亿美元。我问他：“铃木先生，你知道这是怎么回事吗？”铃木不说话了。

接下来向我发难的是研发部的柳泽，在场所有人中，在座的董事中，他的衬衫最华丽。他谴责我居然擅自滞留英国，并扬言不参加既定的董事会。他平日就很讨厌我，因为集团1/3的研发经费都由他掌控，而过去几个月，我一直在追究这些钱的去向。他大声质问我：“一家大公司的总裁这么做合适吗？”我重申了邮件提及的问题，换言之，我不会在不知实情的情况下参加会议，更不会在不了解细节的情况下在会上做决定。最后我说：“森先生在邮件里提供了部分答案，那些答案引起了我更多的疑惑，但我还是回来了，我此刻不就站在大家面前吗？”

最后一个发言的是日经新闻报社前高级主管、非执行董事来间纮，他指责我将邮件副本抄送给了安永会计师事务所。他说：“你这样就是让外人参与进来，为什么这么做？”他的意思很明显：奥林巴斯是个和睦的大家庭，家人间最重要的是忠诚。

这让我想起了电影《教父》中的一幕，当哥哥弗雷多在拉斯维加斯帮派的人面前公然反对弟弟迈克尔时，迈克尔对他说：“弗雷多，你是我哥哥，我很爱你，但再也不要与跟家族作对的人站在一起，不要有下一次。”我当时也有同样的感触，唯一的差别是，奥林巴斯的董事会并不爱我，他们只希望我闭嘴。

“我们为什么要害怕会计师呢？”我大声质问，“这次涉及的金额庞大，而牵扯到的项目又非常特殊，即使再给我一次重新选择的机会，我还是会做同样的事！”来间纮也沉默了。

这是自我成为总裁后，第一次受到如此具有攻击性的公开质问，董事会成员在吐露心中的不满。我现在才知道，三人的质问早已演练过，只是我没有受邀参与。

我突然感觉自己完全被孤立，董事们行为背后的含义深深刺痛了我，新获得的 CEO 头衔不过是个摆设。离开会议室后，我所拥有的权力将比我进入这里之前更少。**其他董事紧密地团结在一起，他们才是一个共同体，而我比以往任何时候都更像个局外人**。菊川的视线与我相交，他静静地坐在那里，一副运筹帷幄的模样。

当时我已经写了 5 封邮件，每封邮件都十分详细地阐释了需要查明的事实。董事会成员都收到了我的邮件，也看到了森和菊川的回复。他们的责任心在哪里？难道这就是他们心目中合理的管理制度吗？他们选择了沉默，或许他们已经习惯了沉默，只有我一个人挑战了菊川，并将为此付出惨重代价。我很清楚自己下一步要采取什么行动：必须将此事公开。**无论向Facta杂志社透露内幕的那个人是谁，如果他重新选择了沉默，事情就将再度陷入泥潭。**

当天下午，我们还召开了执行委员会会议。正如之前与菊川协商好的那样，会议由我主持。临近结束时，菊川说："这个会议我已经参加了20年，这是我最后一次参加。那么，再见。"他向众人鞠了一躬，所有人起立鼓掌，我也跟着鼓掌。这一幕滑稽可笑，我感觉自己被一股黑色的阴影笼罩。

我离开公司，来到柏悦酒店的健身俱乐部，我是这里的资深会员，前台工作人员热情地接待了我。我在跑步机上奋力奔跑，看着窗外的景色，试图把心中的怨气和郁闷发泄一空，但事与愿违。几个小时后，我登上了回欧洲的航班，虽然疲惫却怎么也睡不着。一位空乘看到我的状态，问我是否身体不适，我说只是时差问题。我几乎有一星期没怎么睡过，真正折磨我的是内心的挣扎和犹豫。

普华永道拨开迷雾

飞机飞过西伯利亚上空，我意识到公开此事之前我需要收集更多证据。我决定回到英国之后，趁我还是奥林巴斯的CEO，首先委托伦敦的普华永道查账，那笔高达6.87亿美元的所谓顾问费用其中的6.2亿美元已通过伦敦的银行支付给了开曼群岛的一家名为AXAM的影子公司，但我们追查不到这笔钱的收款人。8天后，普华永道提供了一份财务报告，得出的结论让我震惊不已：

> 这笔交易的最终成本对于奥林巴斯而言极其高昂，管理层的几项可疑决策是造成这一结果的直接原因……
>
> 目前尚不能确认是否存在非法操作，然而考虑到涉及的金额以及不同寻常的决策结果，现阶段不排除存在违规的可能……

此外，尚有数项可疑的犯罪行为值得注意，包括做假账、非法融资与董事滥用职权。

奥林巴斯应采取适当措施全面调查 Gyrus 公司收购案以及奥林巴斯、Axes 和 AXAM 几家公司的合作事宜，并了解是否存在洗钱等违法行为。一经证实，应考虑采取何种补救措施。

……

郑重警告奥林巴斯，政府可能就公司风险管控程序提出质疑。

10 月 11 日傍晚，我写了第六封邮件，也是最后一封。这封邮件写得最为艰难，但也最为必要。我在给菊川的邮件里写道：

为公司利益考虑，你和森先生应对以往的错误决策负责。可想而知，你们将面临数项指控，为了有效控制局势，最大限度地保护奥林巴斯与两位的名誉，你们必须向董事会提出辞职。如果两位不愿意辞职，身为总裁的我必须向相关团体提出质疑。明日我将造访受地震与海啸重创的东北区域，因此我建议我们三人于 11 月 14 日会面，讨论下一步的行动。

19：00 左右，我离开办公室，前往伦敦绍森德机场，我在那里搭乘飞机抵达巴黎的戴高乐机场，再转机到东京。我是法航的 VIP 乘客，航空公司安排了一辆轿车直接把我送到了法航的头等舱候机室。这是巴黎和世界其他机场不同之处，VIP 乘客在这里能享受最高级的待遇，我又想起了《动物庄园》中的那句话。

米其林“九星名厨”艾伦·杜卡斯（Alain Ducasse）在机场里开了一家餐厅，供应各种美食，但我过于亢奋，什么都吃不下。巴黎到东京这条线路我飞过很多次，但这次旅程与以往不同，我一边拨弄盘子里的美食，一边在笔记本电脑上起草将随第六封邮件发出的摘要，过度疲劳让我无法正常思考。

时近午夜，我们乘坐的波音777滑向飞机跑道，我能看到英国航空的飞机尾翼，这样的场景让我回想起最有安全感的地方：英国和西班牙。

长途飞行后，我于10月12日18：00抵达成田机场。我还需要写一篇正文的摘要，请人译成日文，直到22：00才完成。我在奥林巴斯的老朋友宫田耕治将其译成日文，接下来的几周里，他将在整个事件中扮演重要角色。写好的邮件如下：

第六封信：严正关切公司的收购活动

各位同仁：

附件是2011年10月11日写给菊川先生有关议题的邮件，我希望你们仔细阅读此邮件以及普华永道出具的报告。暂时忘记我是外国人这一事实，也不要被深植于心的愚忠蒙蔽了双眼，请把注意力放在这个特殊的议题上。

邮件提及的事件非同寻常，公司的财务状况令人担忧，为了奥林巴斯的未来发展，相关人士应对此事负起责任。我希望各位不要抱着等待风暴过去的心态，不做任何回应，事已至此，谁也不能瞒天过海。

从普华永道的报告来看，这样做很不现实。那份报告提及收购Gyrus公司支付给Axes公司和AXAM公司的顾问费用，并有大量涉及异常收购的资料，Altis、News Chef、Humalabo这三家公司的价值远不及我们支付的价格。

我签的是一份条款固定的4年任期合同，不论我的身份有何变动，都不会为我带来任何个人利益。我唯一的动机是维护公司的利益，本人有信心并且有决心坚持做正确的事。

迈克尔·伍德福德

我实际上是在恳求董事们客观地看待此事，不要因为我是外国人就忽略我说的话，或者把私人交情看得比公司利益还重。

凌晨 2：00，我坐在床上，最后读了一遍邮件正文和附件。我犹豫着要不要发出，思考了片刻后，我按下了发送按钮。没有办法回头了，这么做很大胆，但只要能清除公司内部的毒瘤，这些事就值得尝试。

邮件发送成功后，我从已发送文件夹里调出刚发出的邮件又从头到尾读了一遍，我一边读一边想着那些支持我的同事，并从中寻求安慰，他们都是与我合作多年的老朋友。

第4章

摊牌·下台

2011.10.13～10.14

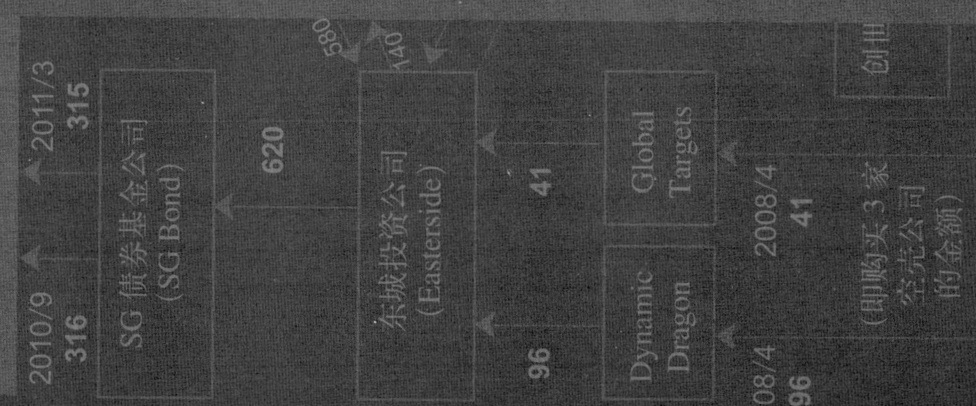

菊川清了清喉咙：“今天讨论并购案的董事会会议取消，我们要解除伍德福德先生的总裁、CEO与代表董事职务。”

我等着大家惊讶地窃窃私语，甚至提出反对意见，但整个会议室鸦雀无声。

10 月 13 日，我在前一晚只睡了 4 个小时，因为预感事情已接近尾声。7：00，门铃响了，是我的司机尼克，他接过我手中的公文包，微笑着问我："先生，你今天感觉怎么样？"我简单地回了句"很累"，不希望他也跟着我担忧。

尼克载着我抵达东京站，我计划和特别助理作雄搭乘新干线前往东北地区。我们曾在欧洲共事多年，彼此相当了解，他熟悉我的管理风格，我答应出任总裁的条件之一就是指定他做我的特别助理。作雄能够准确翻译我的指令所表达的意义和目的，我们相处得很融洽，我喜欢听他用宠溺的语调谈论女儿的舞蹈课以及儿子的足球比赛。

Tohoku（即日本东北部）是仙台以北的丘陵山区，地震和海啸令沿海平原遭到严重破坏。作为总裁，我此行的目的是巡视灾后情况，鼓励来自各工厂和办公室的奥林巴斯志愿者。这些同仁正在努力帮助重建一小块重灾区，他们非常乐观、温和、开朗，也愿意跟我开玩笑。志愿者的举动与巨石大厦里坐在会议桌旁那些阴谋家形成了鲜明对比，这再次提醒我，大部分奥林巴斯员工都正直高尚。

7 个月前的那场地震造成 16 000 人死亡，相比之下，我的焦虑感根本不值一提。我看到地上堆满灾民遗弃的木头、破布、瓦砾残骸和金属碎片。志愿者正在清理一片被毁的稻田，以便重新种植作物。

离开满目疮痍的灾区时，我彻查收购案的决心变得更加坚定。眼前的景象提醒我，日本是一个多么独特的国度，有很多像奥林巴斯志愿者这样的热心人，我不希望少数几个欺世盗名、自私自利的人毁了我以及世人对这个国家的印象。

慰问结束后，我和作雄搭乘新干线返回东京。**坐在时速250公里的列车上，我收到一条短信：明日9：00召开临时董事会议。我几乎可以肯定会议的主题是将我踢出奥林巴斯，因为如果董事会决定让菊川和森辞职，就会要求与我私下会面**。这就是日本企业的处事方式，提前秘密讨论尴尬或棘手的问题，在会议上宣布商议好的决定。我虽然没有参与秘密会谈，但我确信其他董事都在受邀之列。

临时董事会的议程只有一项："严正关切公司收购活动"，但我知道真正要讨论的议题是如何处置我。我告诉作雄："他们打算解雇我。"作雄听后默不作声，我劝慰他不要为我担心，因为我做了正确的选择。听到我这番话，他仍一言不发。

揪出三家皮包公司

回到东京站，南北两个出入口都人满为患，这里是日本多条铁路线的起点，每天客流量非常大。挤出汹涌的人潮，尼克早已等在那里，我把在东北部的见闻告诉尼克，他一边听一边默默点头，此时任何回答都显得多余。10分钟后，我回到了高富诺广场公寓。

当晚，我和三位同事在他们下榻的京王广场大饭店碰面，聚在其中一个人的房间里闲聊。我调侃他们的生活方式过于奢侈，居然选择了刚刚装修一新的行政楼层（Executive Floor，很多酒店又叫作贵宾楼层，其服务质量、内部装饰与价格均高于普通楼层。——译者注）。他们争辩说以公司名义预订，每晚只需150英镑。这里地处市中心，已经相当便宜，而且一再强调酒店还提供免费自助早餐，我听后禁不住哈哈大笑。大家喝着矿泉水和可乐，围坐在一台笔记本电脑旁工作，相互鼓励支持的氛围让我感受到同僚间的情谊。在收购案的调查过程中，这三位同事提供的帮助最多。面对如此巨大的压力，有机会我们就开玩笑缓和紧张气氛。我们绞尽脑汁，字斟句酌地拟定明天要递交给董事会的声明，此时距离会议开始只有不到 8 小时。

凌晨 1：00，大家送我下楼，并祝我好运。站在空无一人的大厅，我们发现使用复印机只需投入几枚百元硬币，想到打印出的资料关乎公司浪费的几十亿美元，我不禁觉得有些滑稽。然而，我最终没能将这份只花费了几百日元的声明呈交给董事会。它包含我之前所写的 6 封邮件的所有要点，以及森和菊川的回复。现在我将这份声明展示出来：

致奥林巴斯公司董事会

1. 本人于 2011 年 10 月 11 日致菊川先生的信函及附上的普华永道的报告所示，我对公司内部管理提出严正关切，尤其对收购 Gyrus 公司支付给作为财务顾问的两家资产管理公司 Axes 和 AXAM 的巨额咨询费用，表示难以理解。

2. 并无证据显示公司曾对 Axes 或 AXAM 两家公司的经营状况进行核查。在开曼群岛注册的 AXAM 公司已于 2010 年 6 月因拖欠费用被吊销营业执照。而且根据地方公司注册的规定，该公司不得继续营业。

3. 2007 年 6 月 21 日签订的第二项协议并未就费用构成的合理性提供任何专业建议，难以根据这样的财务咨询服务比较其价格是否合理。

4. 董事会并没有正式批准 2007 年 6 月 21 日签署的第二项协议，而是由菊川先生、森先生、山田先生依照票议制基本规定进行核准，并在 5 个月后，即同年 11 月 19 日举行的董事会上进行补充确认。

5. 毕马威会计师事务所与威嘉国际律师事务所曾提出“以现金购买认股期权”的专业建议，奥林巴斯相关主管不予接受，反而决定按照 Axes 和 AXAM 两家公司的要求，发行优先股。

6. 奥林巴斯相关主管并未就优先股价值的计算与相关股份年收益率听取专业建议，此计算基准导致第二项协议应允的认股期权产生负债从 1.77 亿美元增加至 6.2 亿美元。

7. 公司最终以 6.2 亿美元回购优先股。

8. 因收购 Gyrus 公司向 Axes 与 AXAM 公司支付的总费用高达 6.87 亿美元，相当于 Gyrus 公司收购价的 35%，而此类服务的市场价格为收购价的 1% ~ 2%，即 2 000 万 ~ 4 000 万美元。

9.Altis、Humalabo、News Chef 的收购价共计 734 亿日元，约合 9.4 亿美元。截至 2009 年 3 月 31 日会计年度结束，以此 3 家公司投资于最后股份收购的统一会计年度结算，投资减记金额近 7.1 亿美元，占 3 家公司收购总值的 76%。（详情见下表）

三家公司收购情况

公司名称	购买价（亿日元）	购买时间	截至 2009 年 3 月 31 日损失金额（亿日元）	摊余成本比例
Altis	288.12	2006 年 5 月 ~ 2008 年 4 月	196.14	68%
Humalabo	231.99	2007 年 9 月 ~ 2008 年 4 月	183.70	79%
News Chef	214.08	2006 年 5 月 ~ 2008 年 4 月	176.99	83%
总　计	734.19（约 9.4 亿美元）		556.83（约 7.1 亿美元）	76%

10. 并没有证据显示奥林巴斯相关主管曾就出售 Altis、

Humalabo、News Chef 股份的第三方股东进行核查。第三方股东包括 Dynamic Dragon II SPC、Neo Strategic Venture、Tensho Limited、Global Targets SPC、New Investments Limited、Class Funds IT Ventures，共 6 家公司。

11. 奥林巴斯此次共支付 9.4 亿美元，然而在最后股份收购完成的同一会计年度，投资减记金额近 7.1 亿美元，三家公司仅余 24% 的价值。

简言之，Altis、Humalabo、News Chef 收购案令人担忧，另发现公司向 Axes 和 AXAM 公司支付不合惯例的巨额款项。这两家公司为谁所有，本公司董事会及会计稽核人员至今仍未提交相关资料。因此，本人对公司运作方面的担忧实属必要。

一家日本上市龙头公司会支付近 7 亿美元向在开曼群岛注册的公司进行“财务咨询”，会计师无法就所有相关影响判定是否有任何第三方介入，这简直令人难以置信。

最后，本人正式要求此声明以及本人于 9 月 23 日、24 日、25 日、26 日、27 日与 10 月 11 日发出的 6 封邮件，连同普华永道出具的报告，包括日文与英文版本，列入此次奥林巴斯公司董事会的会议记录。

迈克尔·伍德福德

2011 年 10 月 14 日

走出酒店大厅，我拦了一辆计程车回高富诺广场公寓。由于公寓入口位于弯道内侧，司机对这条路并不熟悉，所以只得紧急刹车，为从主路转向入口做准备。此时我担心起了一件与奥林巴斯完全不相干的事情：凭借多年的驾驶经验，我判断公寓外那条出入口的设计很危险，车道两侧的围栏阻挡了来往车辆的视线。

我与物业负责人及涩谷地方政府的工程师提过这件事，他们答应移除围栏，改种低矮植物。我还记得自己曾因担心厨房失火，而公寓里缺乏足够的消防设备向物业提出严正抗议，最终对方也给予了充分重视，这就是忧虑的力量。

洗过澡后，我从冰箱里拿出一听冰啤酒，走到公寓屋顶的花园，欣赏着霓虹闪烁的新宿夜景。夜晚的冷空气让我变得十分清醒，我想或许这就是死囚行刑前的心情。当他们即将失去生命时，所有注意力都会集中到行刑这一件事上，我此时跟他们一样。

我收回思绪，决定回房睡觉，想着明天我即将面临的局面，感到一种从未有过的平静。入睡前，我心里突然冒出一丝希望："或许他们会做正确的选择，问题或许会得到解决。"

我已经习惯了每天只睡四五个小时。第二天醒来时，我收到昨晚帮忙的一位同事发来的短信，内容是"弄死那些操蛋的家伙"。他平时文质彬彬，居然也会说这么粗鲁的话，我虽然感到诧异，但这句话也坚定了我的信心。

撤职，解聘，扫地出门

进入巨石大厦时，我下意识地看了一眼手机，10 月 14 日 8：41。走进电梯后我一言不发，这是日本人特有的习惯，电梯里所有人都面无表情、一动不动，我很想知道站在周围的同事是否知道即将发生什么。电梯抵达 15 层后，直走 20 米，再经过一道电控门，就到了我的办公室。通常我会先到秘书办公室门口用日语问候一声"早安"，然后用英语跟里面的 4 位秘书寒暄几句，但那天我径直走进自己的办公室。

有人敲门，进来的是美智子，她双眼红肿，显然刚哭过。从她的眼神得知，那些妄图控制一切的董事一定已经向她讲明现状，并且不准她对我透露半点讯息。

那一刻，我觉得她特别亲切，想起了共同度过的美好时光。我们经常一起购物，因为我的手臂很长，只能定做服饰，所以她会陪我到裁缝店取定制的衬衫，我的电动胡椒研磨机以及我钟爱的奈斯派索咖啡机都是她陪我挑选的。每天早上，她都会为我准备早餐，到办公大厦负 1 层买我最爱的羊角面包。她很擅长照顾我这个不会讲日语的外国佬，尽量让我在东京的日子舒适惬意。

美智子总是忠诚地守护着我，如今她已无力阻止想置我于死地的其他董事，但她的表现非常职业化，对我即将被罢免这一事实只字未提。我本想找机会跟她道别，却发现她被要求必须待在马路对面的京王广场大饭店，直到我离开总部办公楼。

会议预计于 9：00 召开，日本人从来不会因为任何事迟到，所有人都会在预定时间内抵达会场。当天参加会议的有 13 位董事、2 位翻译、4 位审计负责人以及 1 位秘书，但组织这次临时会议的菊川却故意迟到了。居然迟到？他怎么可能迟到？

9：02，我把视线转向右边，与森对视了一眼，他仍然没有显露出任何情绪起伏。我故意夸大抬手看腕表的动作并刻意挑了挑眉，森的身体稍稍向我倾斜，用很低的声音向我打听前一天的行程："迈克尔，昨天的东北之行如何？很震撼吧？"听到这话，满目疮痍的场景再次在我脑海中显现。

我怒气顿生，世界上有千百件事可以谈，他却选择了这个主题试图转移我的注意力。我提高音量，故意省略"先生"这个敬称，然后回答他："森，别耍把戏，快点开会吧。"森察觉我已经知道自己的命运，无奈地耸耸肩，连忙去找自己的主子。

9：07，菊川终于抵达会议室，森紧跟在他身后。菊川今天穿了一套精致的蓝色西装，他像只鸭子一样大摇大摆地走进来，向各位参会人员点头示意。不知是出于紧张还是太过兴奋，他下意识地整理了一下领带。我马上认出那是他最近在帝国饭店精品店买的 3 条昂贵领带之一，他说过一条要 500 美元。**呵呵，一只趾高气扬的鸭子戴着一条 500 美元的领带**。他没有走向自己的座位，也就是我的右手边，而是站到了讲台上，好像要分析一下上一季度的财务报表。

菊川清了清喉咙。“今天讨论收购案的议题取消。以下是今日新议程，首先，我们要解除伍德福德先生的总裁、CEO与代表董事的职务。”菊川说的是日语，我只得戴上耳机听同步口译。

我等着大家惊讶地窃窃私语，甚至是提出反对意见，但整个会议室十分安静。菊川提出依据公司制度例行投票，他话音刚落，其他13位董事就同时举手表示赞成。

那个情景让我想到教室里的小学生，大家都知道某个简单问题的答案，把手举得老高，希望老师点自己的名字。没有讨论，更没有争辩。菊川再度发言：“伍德福德先生在此不得表示任何看法，因为他是表决结果的既得利益者。”奇怪的是，此时我竟想放声大笑。**在场有我认识了30多年的同僚，他们正在逾越一切道德底线，不只是在日本，还包括整个商业世界。**

我凝视着菊川，他正抿着嘴。我看着他剪裁合体的昂贵西装，系在脖子上的丝绸领带，还有投影仪投射在他镜片上的光影，不禁觉得荒谬可笑。此刻他就像驾驶着一艘正在下沉的船，以为只要抛掉重物就可以走出危机，安然驶向目的地。

菊川随即提出第二项议案：“撤销伍德福德先生在奥林巴斯分公司的一切管理权，包括其在奥林巴斯美国与欧洲分公司的职位。”接着，他顺理成章地宣布：“森久志先生将接任伍德福德先生的职务。”森久志，一个皇帝信任的臣子，官僚、权力中枢的产物，他对于真实商业世界的顾客与产品一无所知。

在日本，除非有重大违法行为，否则企业总裁被扫地出门的情况十分少见。1997年，世界最大的商业银行第一劝业银行董事长黯然下台，原因是他放款几亿美元给黑社会组织，罪行披露后才被解聘。菊川及其控制下的董事会之所以做出这种不理智的举动，主要因为虽然他们明知罢免我会引起轩然大波，但更害怕不这么做会引发更可怕的后果。他们随后召开新闻发布会，向全世界宣布了这个诡异的决定。

我看了一下表，9：15，会议从开始到结束只用了8分钟，一场8

分钟的会议就让我变成了前总裁。尽管没有薪资福利，我依旧是董事，依据《最新日本公司法》中一条特别的规定，如果我不主动辞职，那么只有股东可以取消我的董事资格。

我默默起身，刻意高昂着头离开会议室。回到我的办公室后，我麻利地打开角落里的保险柜，拿出银行存折，里面约有相当于 1 000 英镑的日元，同时把最重要的印章取出来。如果公司有大型欺诈事件，我最不想让这些人盗用我的印章。文件上的红色日文和我的签名有相同的法律效用，而且所有的正式文件背书都要盖章。我把印章放进一个有红色印泥的小皮盒，这是一枚食指大小的木质印章，上面有漂亮的彩绘，每次使用这枚印章都让我想起小时候的邮戳玩具。

能否全身而退？

我现在满脑子都是逃离这里的念头。我无法理解董事会的选择，他们似乎很害怕，但我不清楚他们在怕什么。我又开始思索 *Facta* 杂志的第二篇报道，其中提到了有组织犯罪和日本黑帮，我既害怕又愤怒。听到有人进了我的办公室，我一回头，就看见奥林巴斯首席财务官川又洋伸与新任秘书处主管。秘书处主管是个安静谦逊的人，他显然是被川又强拉过来的，所以在我和川又接下来的对话中，这位主管一直没有说话。川又笑得很张狂，日本人一紧张就喜欢微笑或大笑，但此时川又的笑容不在这两种情况之列，因为他的表情十分得意。

“迈克尔，有几件事我要告诉你。”他的语气好像刚才会上讨论的只是日常事务，“首先，我要没收你的两部手机。”他的态度十分粗鲁，这让我更加气愤。我看着他的眼睛，把我在日本最常用的手机递过去，告诉他：“这部可以给你。”然后忍不住补充道：“里面的信息已经被清空了。”

我拿起英国分公司发给我的另一部手机说：“这部我留着，如果我太太联络不到我，她会担心。”我走向川又，我们的脸只有几公分的距离。

“你打算硬抢吗？你是警察吗？”他的身体微微弓起，让我更加生气。我很想大吼：“他妈的，你以为你是谁？”我的手在身体两侧紧握双拳。川又往后退了一步，仿佛这一步帮助他重拾自信，他又要求我交出两台笔记本电脑。

这次换我放声大笑，我告诉他：“我知道你们的把戏，我早已把电脑带回伦敦，清除所有资料后，我就把它们从英国公司的顶楼扔下去了。”世界各地的同事都写信给我，表达对董事会的鄙视以及对我的支持，我首先要想办法保护他们。川又还要求我交出公司发给我的信用卡，我一言不发地把卡递过去。

“你的公寓。”他一项都不会漏掉，“必须在本周末之前清空。”这点我觉得不可思议，因为大半房租都是由我个人支付的。我尽量保持冷静，告诉他我会在规定期限内离开并归还钥匙。最后他说：“哦，对了，你去机场时，不能要求尼克送你，只能搭机场巴士。”

他又露出了得意的笑容。我来日本这么多次，从没见过也没听说过这样的事，这种强势无礼完全不是日本人惯常的处事方式。我努力揭发隐情，使这些同事展现出了他们恃强凌弱的本性。我双手冰冷，一心想着离开这里。

庆幸的是，川又并没有“护送”我搭乘电梯从 15 层下到 1 层。电梯向下运行时，我深吸了几口气，四肢冷得像在冰水里浸泡过，额头和背后渗出了冷汗。到了大厅，我快步走过闪亮的大理石地板，走进温暖得有些不合季节的东京清晨。上班高峰期已经过去，所以我轻易拦到了一辆计程车。坐到汽车后座上我才松了一口气，我给司机一张彩色塑胶卡，上面有我在涩谷的地址。司机戴着白手套，驾驶时十根手指始终搭在方向盘上，我强忍住请他换挡加速的冲动。

抵达高富诺广场公寓时，有两个穿西装的人在大厅里踱步。他们看起来肌肉发达，不太正派，其中一个人斜眼瞄了我一眼。我不禁怀疑他们是黑帮成员，于是加快脚步上了楼，房间里寂静无声。我直接走进卧室整理行李，从抽屉和衣橱里拿出衣服，然后把妻子和孩子的照片全部放进行李箱，这个过程中我一直留意窗外与前门的动静。期间我觉得口渴，便去厨房喝了很多自来水。确认没有任何遗漏后，我拉上行李箱，在前门迟疑了一会儿，小心翼翼地看向门上的猫眼，走廊上空无一人。我打开门，走出去后，又静静地把门关上。

回到大厅，那两个可疑的人还在。我经过公寓接待处，三位穿着制服的工作人员向我鞠躬，这会是她们最后一次见到我。一手拖着银色行李箱，一手拿着黑色皮革公文包，我快步走出大厅，踏上公寓外的人行道时，我的衬衫早已被汗水浸湿。

第5章

逃离日本

2011.10.14～10.15

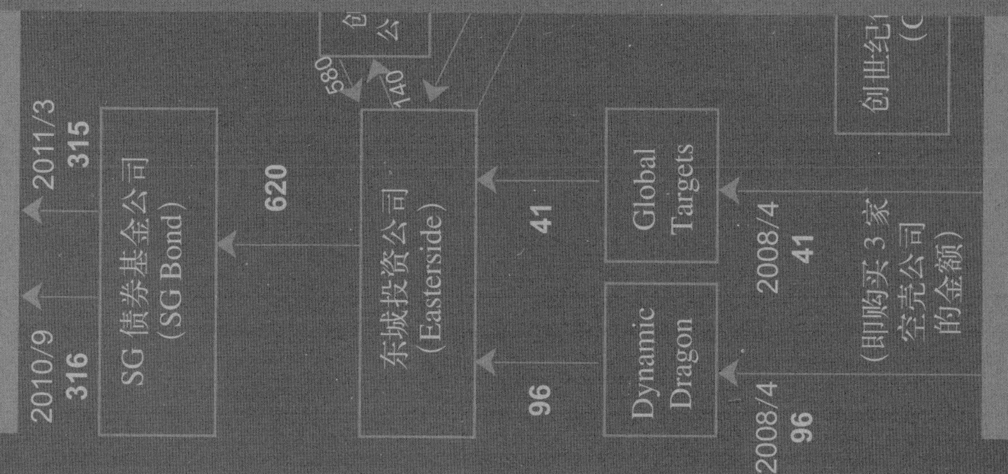

我怀疑自己可能被跟踪，虽然往来的人群让我稍稍安心，但我仍然在观察周围有没有可疑的人。一切似乎都很正常，应该没有人在监视我。我拿出电话打给在日本金融时报社工作的记者索布尔……

东京的开放空间不多，代代木公园是其中最大的一个，距离我的公寓只需5分钟路程，我喜欢在周末人特别多的时候去那里。东京和伦敦、纽约一样，是一座工业城市，也需要呼吸空间。

东京人会用自己独特的方式缓解压力，人们在代代木公园练习武术，旁边还有人随着乡村摇滚乐跳舞，舞者模仿美国电影演员詹姆斯·迪恩的穿着，跳着 20 世纪 50 年代风行的舞步。外围站着一群打扮得像娃娃的年轻女子，她们的装扮既像芭比娃娃，又像艺伎，身上穿着过分华丽的粉红色服饰，旋转着手中的洋伞。她们对于细节的注重程度让人惊叹，为了脱颖而出付出的努力着实让人佩服。**在日本这样一个高度注重一致性的国度，越来越多叛逆的“钉子”冒了出来**。

公园里有一位我认识的冰淇淋摊主，在他的摊位旁边有一张长椅，我走过去坐在上面。这里是代代木公园的正中央，能够欣赏这个开放空间的所有景致。在我观察孩子们嬉戏时，留意到一个骑自行车的小男孩，他既想骑车又想舔手里的冰淇淋。知道自己无法一心二用后，他停下自行车，双脚撑地，专心享受起了手中的美味。看着孩子们玩乐，听着他们欢快的笑声，真让人觉得欣慰。

一切似乎都很正常，应该没有人在监视我。我拿出电话打给在日本《金融时报》工作的记者索布尔。半年前我就任总裁时，他曾在第一时间采访了我。从东北地区返回东京的路上，我决定如果我对收购案的假设正确，而且遭到解雇，就立即联系他。如果他没接电话，我会再找《纽约时报》和《华尔街日报》的记者。

谢天谢地，电话没响几声就接通了。“嘿，迈克尔。我刚刚读到了你被免职的消息。他们宣称是你‘任意妄为’。很显然，你违背了日本人的行事方式。”

“事情远没有这么简单，我们现在可以见一面吗？”我问他。索布尔察觉到这是独家新闻，所以放下手边的一切赶过来。他建议我们在附近一家咖啡店碰面。索布尔后来告诉我，他从没有遇到过一则报道像个突如其来的馅饼一样掉在他面前，信息完整并附有消息来源。

咖啡厅门口的小黑板上用英文写着：“11：30 ~ 19：00 为外国公民独享的减价时段。”店里只有一对年轻情侣，透过窗户往对面看，几个小学生正在操场上踢球。从刚才我就一直在流汗，于是点了一杯冰咖啡帮自己降温。我加了很多糖，听说补充糖分对快要休克的人有帮助。

索布尔来得并不晚，但我感觉像等了一个世纪。我递给他一个黑色的活页文件夹，里面是我寄出的 6 封邮件的副本、菊川和森的回复以及普华永道提供的报告，我甚至还附上 *Facta* 刊登的报道的英文译稿。索布尔点了一杯茶，开始看那些文件。他没有说话，只是在阅读过程中偶尔点头表示赞同，还问了几个帮助他理清思路的问题。

索布尔抬头时发现我情绪激动，于是问我：“你还好吧？”我没有故作镇定，诚实地回答他：“索布尔，我很害怕，事情非常不对劲。*Facta* 说中了很多事情，而且还提到了有组织犯罪。”

我们谈了大概 45 分钟，结束时我对他说：“索布尔，我需要你揭露这一切，越快越好。”

他问我：“你现在打算怎么办？”

“我要离开。”说出这句话时，我听到了自己声音里的恐惧，相信索布尔也感受得到。

“什么时候？”

“现在！”

在街角与索布尔互道再见后，我再次拦下一辆计程车，30 分钟后到达羽田机场。我怀疑自己可能被跟踪，虽然往来的人群能让我稍稍安心，但我仍然在观察周围有没有可疑的人。我走进航站楼，一个男人径直朝我走来，他穿着军装样式的蓝色套装，我的手脚再次冰凉，但到我面前时他未做停留，与我擦身而过。

正午过后是一天最热的时段，但我发现自己竟然在颤抖。我浏览离境班机看板，上面显示着飞往全亚洲、澳洲等各地的班机。我心想：哪一班都好，只要能尽快离开日本。下一班飞往伦敦的班机还要 20 个小时，我等不了那么久。我找到一趟即将起飞，目的地香港的航班，马上买了两张票，另一张给刚刚与我会合的英国同事，他就是两周前我和菊川与森会面的“见证人”，他也不宜继续留在日本了，我们开始排国泰航空的候补机位。

站在队伍里，我想起了 2006 年的“活力门危机”（Livedoor shock），那一年日本活力门公司的总裁兼 CEO 堀江贵文 33 岁，是个喜欢开红色法拉利跑车的投机分子，他用一只鼠标、两根手指，在不到 10 年的时间里迅速崛起，最后因财务丑闻锒铛入狱。

活力门公司在被揭露深陷财务丑闻之前，曾是日本最炙手可热的网络公司。该公司被控炒作股价，谋取巨额利润，所有与之存在业务往来的公司接连崩盘。丑闻爆发仅仅一天后，接受检察的某公司主管野口英昭的尸体被人在冲绳的旅馆房间发现，警方初步判定其为自杀。

堀江的失败让东京那些穿着传统西装的商业领袖心花怒放，他是网络时代的“创业先锋”，时常出没在繁华的六本木新城。这个体型圆胖、自吹自擂的怪才毫不掩饰地将自恋与炫富写在脸上，西装下穿着鲜艳的 T 恤，下身则是由知名设计师为他量身定制的牛仔裤，喜欢开艳俗的红色跑车，怀中的女人不是性感模特就是三流演员。他无视竞争对手，而且喜欢在公开场合羞辱他们。堀江常说：“所有恶魔都来自传统的企业管理者群体。”我对此表示赞同。

在股价狂跌 90% 以及证券欺诈罪行证据确凿后，活力门公司在

2006年4月被东京证交所除名，后来被一家韩国公司收购。在漫长的上诉期内，堀江出版自传《抗争到底》（*Complete Resistance*），宣称自己之所以被政府盯上是因为名声不佳，而不是真的犯了什么滔天大罪。他的案子一直让我心神不宁，因为高管罪犯在日本一般都可以免除牢狱之灾。

2006年6月，为了防止这类丑闻再度发生，日本通过了类似美国《萨班斯－奥克斯利法案》（*Sarbanes-Oxley Act*）的文件，通称《日本版萨班斯法案》，但这并没有阻止奥林巴斯走上错误的道路。（2001～2002年，美国安然公司与世界通讯公司相继爆发财务丑闻，暴露上市公司会计、证券监管等多方面缺失。美国众议院议员奥克斯利及参议院议员萨班斯提出该法案。——译者注）我忍不住拿自己跟堀江相比，我也挑战了既有秩序，不知道什么会发生在自己身上。

我和同事终于排到了柜台前，刚好剩两个空位，我顿时松了一口气。我们紧张地通过安检到达出入境通关口，等待工作人员比对照片的时间相当漫长，最后他终于冷冷地点点头，把登机牌还给我，我拿到了通往自由的门票。

在候机大厅，我打电话给家在悉尼的妹妹露露，解释发生了什么事，并请她代我打电话给南希报平安，转告南希我将在抵达香港后第一时间打给她。我想起了电影《迷失东京》的情节，想着日本的时差如何让一切失控。此刻，阳光洒落在羽田机场的候机大厅，伦敦现在还是午夜，南希一定还在睡梦中。

挂断电话后，我与同事走向登机口。如果我能抵达香港，他们就不可能把我引渡回日本。当我踏上飞机，扣紧安全带，听着隆隆的引擎声，感受着飞机离开跑道，离开日本，发现这辈子从来没有因为坐飞机觉得松了一大口气。飞机升空时，我可以看见神圣的富士山，心里默默地对它说：我有很久不会再飞过你的上空了。我点了一杯双份金酒，喝完后慢慢靠在椅背上。

我们于3小时后抵达香港，我下飞机后做的第一件事就是给南希打电话。她说："他们真的这样做了，那些恶魔！"我告诉她没什么好担心的，这是个善意的谎言，我只能这么说，因为这件事我必须独自承担。挂断电话后我又打给索布尔，他正在和相关人士谈话，事情进展顺利，报社的授权律师正在审阅稿件。虽然还要送交编辑部，但他相信时间来得及，全世界都将在周六的《金融时报》上看到这篇报道。最后，他祝我好运。

飞往伦敦的波音 747 班机老旧不堪而且非常拥挤，我们的两个座位在厕所旁，充斥着噪音与异味。我至今仍能回忆起那间厕所的味道，暴饮暴食的超重乘客进进出出，整个晚上冲水声几乎没有停过，我对那间厕所产生了不理性的憎恨。

几杯红酒下肚，恐惧感逐渐退去，哀伤情绪涌上心头。我开始担心世界各地的同事，不知道他们会发生什么事。我身体十分疲惫，但神志依然清醒，于是将放在面前的食物统统吃光。我无心看飞机上播放的电影，但体内过多的肾上腺素让我无法入眠。我像个僵尸，呆呆地盯着屏幕上的飞行线路，看着飞机在那条黄线带上闪烁，离家越来越近。我想问自己，怎么走到了今天这一步？

中篇

我的成长

1967～1989

孩童时期父亲不在身旁的不安全感，青年时期强烈的贫穷感、身无长物的自卑感，以及最重要的，我希望与众不同。

在那么小的年纪，我就有点像独行侠。

我的人生轨迹从母亲离开父亲那天开始转变。

1967年11月某个早晨，我起床准备上学，父亲已经出门上班。母亲给了我一张全新的粉红色10先令纸钞，告诉我等会儿我们要去坐火车，如果我在车上没有哭，就可以留下那张纸钞。

那年我7岁，母亲虽然没有解释发生了什么事，但10先令完全可以让我乖乖地保持安静。所以我和11岁的姐姐伊冯娜，3岁的妹妹露易丝（我习惯称她露露）一起打包我们的小行李箱，和母亲到英国斯坦福车站搭乘城际列车投奔住在利物浦的外公外婆。

我在车上没有哭，只是紧紧攥着我的10先令，心想着父亲下班回家后发现空荡荡的房子只剩下他自己，一定觉得不可思议，在那之后我有几个月没见过他。

我出生在一个中产阶级家庭，父亲诺埃尔是大学讲师兼发电厂的电子工程师。我从小就开始听古典音乐，虽然当时只有7岁，父亲却会跟我讲文学和艺术。他也是个颇具天分的摄影师，在20世纪60年代拍的照片有些看起来很天真，有些又非常色情。他会拍一些身着“玛丽官”风格洋装的长腿女孩，黑白照片里的人从来看不到脸，我最喜欢的照片是考文垂教堂废墟前一个女人的妩媚倩影，直到今天，它还挂在我家客厅的墙上。

父亲说话风趣，但也是个自私、顽固到令人抓狂的人。我们住在利奇菲尔德大教堂附近，我家是一栋带有整洁草坪的舒适、现代的房子，邻居们每到周日都会在草坪上洗车。我们住在利奇菲尔德大教堂附近，我家所在的小镇是英国著名作家塞缪尔·约翰逊（Samuel Johnson）的故乡，他说过一句非常著名的话："一个人如果厌倦了伦敦，他就厌倦了人生。"显然，母亲厌倦了与我父亲相伴的人生。

母亲成长在一个普通家庭，她沉稳睿智，但与父亲相识时，她还是个天真的少女。我感觉到母亲有时觉得照顾我们姐弟三人很困难，因为她不擅长用肢体语言表达对我们的疼爱。然而她美艳惊人,像奥黛丽·赫本和玛丽莲·梦露的结合体，金发碧眼、双腿修长，让人禁不住想多看几眼。后来父亲告诉我，他爱上的正是母亲的美腿。我想他大概只把母亲看成一个不谙世事的女孩，相信自己可以改造她。但父亲的行为最终失去了分寸，某天他想扩建一间房间，两人意见不合大吵了一架，母亲以离开的方式表明了自己的态度。

在利物浦，我们住在牛津街一排维多利亚式老宅的其中一栋，那是利物浦的工人区，披头士乐队的乔治·哈里森就在拐角处的 12 号公寓里长大。他于 1967 年搬出了这里，虽然住在他的故乡，但这里无法让我联想起他演唱的《便士街》和《永远的草莓地》。

房子的后院有间独立厕所，不过不能洗澡，我们每个礼拜必须去一次当地的公共澡堂。澡堂里有一个硕大的底部生锈的铁澡盆，那层咖啡色的锈渍令人害怕，我只看了一眼就拒绝进去，母亲还因此大骂了我一顿。

外公家有 3 间卧室，外公和外婆住一间，大小便失禁的乔治舅姥爷住一间，母亲和我们姐弟三个住一间。我们的房间里有两张床，我跟伊冯娜睡一张，母亲和露露睡一张。

刚搬到牛津街，日子过得不太如意。开始的时候，我们姐弟三人身上都长出了红色的大水泡，原来我们对猫毛过敏。外婆家养了一只通体乌黑的猫，名叫"威士忌"。妈妈带我们去看医生，然后买了几大罐灰色药膏，但药膏似乎没有起到任何作用，最后只好让可怜的"威士忌"

安息了。我完全理解外婆为什么不愿收留我们，只是不知道她现在有没有对“威士忌”的死释怀。

外婆家生活拮据，所以母亲和外婆常会炖最便宜的牛尾。我永远不会忘记恐怖的清汤里飘着大块油腻的牛尾，骨头的形状清晰可见的场景。我和伊冯娜会把那些东西先放进嘴里，沉默一阵子，然后找借口跑到后院厕所把它们吐出来。从那以后，我没办法再吃一口炖牛尾，虽然这道菜如今已经风靡各大高级餐厅。

我到利物浦的第一天就骑着妈妈和外婆买给我的自行车四处闲逛，我的表情一定是太得意了，致使隔壁的男孩儿墨菲跑过来，一把将我推倒。墨菲的妈妈看到这一幕后，从屋里冲出来，大喊着让墨菲走开并邀请我进屋做客。我与墨菲后来成了最好的朋友,他也是我之后一系列“创业活动”的合作伙伴。

有很多理论会研究什么因素让一个孩子长大后成为具有创业精神的企业家，以我的例子来说，那是很多因素综合作用的结果：孩童时期父亲不在身旁带来的不安全感，青年时期强烈的贫穷感，身无长物的自卑感，以及最重要的，我希望与众不同。即使在那么小的年纪，我就有点像个独行侠。

我的不安全感从住在利物浦的日子开始。上学时，我不像其他孩子一样有新制服，因为那对我们来说太贵了。新制服上的学校徽章闪亮耀眼，而我的制服看起来总是脏兮兮的。我和别人不一样，因为那个年代离婚行为并不常见，而且我遗传了父亲那边一点亚洲血统，看起来有点像东方人，孩子对待不一样的人永远是最残酷的。

因为我们是低收入家庭的孩子，所以姐弟三人在学校都能领到免费午餐。即使居住在工人区，我们还是比别人穷。小孩子很容易因此感到羞耻，老师收餐费时，我不曾交过钱。同学们从未刻意羞辱过我，但大家也只是心照不宣。

这就是我的动力来源。我再也不想去公共澡堂洗澡，不想穿着破旧的制服，但这种卑微感一直与我如影随形，即使后来我成为奥林巴斯的总裁，领着7位数的薪水。那段经历让我体会到世事无常，即使你没有犯错，命运也可以夺走你的一切。

对于当时的我来说，试着赚点钱很有必要。所以我去捡黑莓，然后把它们放在洗过的酸奶罐里，用保鲜膜封起来，接着挨家挨户卖给邻居。卖巧克力也是我的一大收入来源，当年如果你能收集一大堆包装纸，就能得到3英镑的兑换券。

我常常到街上捡吉百利糖果的包装纸，表面很脏的也不放过。我走遍了所有小巷子，看起来像个拾荒狂。那时一个家庭只能换一张兑换券，所以我将所有亲朋好友的地址都收集起来，每次更换一个。我还收集报纸上的折价券，用这些纸片与当地的一家商店交换等值商品。

后来我想为什么不自己做生意呢？于是我在家里摆出用折价券换来的商品，又拿出我的红色玩具收银机开了一间商店。只要家里来客人，就必须买我的东西，客人常抱怨我卖的比地方上的超市还贵，但我会不厌其烦地向他们推销，直到他们掏钱。

10岁时，我开始挨家挨户敲门，问有没有人需要洗车，借此培养了一大批忠实客户。偶尔也会有特别机会降临，利物浦有一家饼干工厂，那年圣诞节前，我和墨菲买下一批特别的货物，价格不到市价的一半。我们把锡盒装的饼干放在小店寄卖，赚了几百英镑。

上一次交易如此成功，我们决定趁圣诞节假期再赚一笔，于是用现金向批发商购进了各式各样的玩具，然而那次我们没有得到任何特别的优惠，而且无论怎么推销，就是一个玩具也卖不出去。最后母亲只得带着我们回到批发商那里退货，印度老板看着我母亲以及她身后的乖儿子，想了想后说："好吧，我让你们退货，但你儿子16岁时，让我给他一份工作。" **那是我的贪念第一次吞噬理性，我从失败中学到的教训，比之前的成功多得多。**

我能够进入大卫王犹太高中是一件幸运的事，因为我本该升入充斥着不良少年的利物浦综合学校。大卫王高中只收功课好的学生，正好都是我的潜在客户。我会利用下课时间做点小生意，像是卖培根洋芋片。

风声传开后，副校长把我叫到办公室，说那样的零食不符合犹太教义，我只能作罢。

带着赚来的钱回家时，我必须经过附近的一所综合学校。那些学生看到我时会大喊："你是犹太鬼子吗？"我会回答他们："我不是犹太人，只是不信仰基督教，我是个异教徒。"然而他们听不懂什么是"异教徒"，所以会更用力地推搡我。

面对一群小混混时，你不能回击。如果我没被说成"犹太鬼子"，欺负我的人会因为我的亚洲五官认定我是印度人，他们就会开始问："你是印度阿三么？"或是用"来一盘烤大虾。"来嘲笑我，那是印度餐馆的招牌菜。我会回答："不，我不是。"然后我会因为傲慢无礼而再度受到攻击。

雾都少年

人生中有被反犹太主义与种族歧视者攻击的经历，会影响一个人的性格。我开始厌恶所有形式的歧视，菊川曾说我因为种族偏见而不喜欢日本，那让我十分气愤。

我说出这些往事，不是为了博得别人的同情。相反，这些童年经历并没有将我击垮。许多孩子的经历甚至比我更糟，但你必须放下那些事，继续往前走。我交到了好朋友，我们度过了一段愉快的时光。不过在家里，我从未真正感觉到快乐。

我记得电影《雾都孤儿》中有一幕，主人公奥利弗想起了自己的母亲，然后唱起了《爱在哪里》（*Where is love*）这首歌。就像电影一样，我也会大声唱出这首歌，然后禁不住泪流满面。这就是我的感受，我就像另一个奥利弗。直到今天，我会还唱这首歌给爱德华和伊莎贝尔听，每唱一次，我的眼眶都会湿一次。

我说服自己，属于我的爱在利奇菲尔德的父亲那里。我一年能见他两次，但当你隔几个月才能见一个人几个钟头时，一切都会失真。父亲不能到我们住的地方，所以他每次来利物浦，我们都会去离莱姆街火车站附近的金凤凰餐厅。我会点一份马里兰香鸡套餐，因为那道菜很有异国情调，而且重要的是，那不是牛尾。

我能感觉到父亲很痛苦，但他从来不说母亲的坏话。母亲告诉我，父亲对我们的经济援助不是很慷慨，但我一直觉得他给予了我强大的精神支持。一段时间后，我与父亲失去了联系，他成为了一个遥远的人，直到 18 岁离家后我才重新联络上他。他 73 岁去世，我珍惜我们共同度过的每一天，我很爱他。

我从母亲身上则学到了一些人生教训。13 岁时，有一次我指着衣服几个有褶皱的地方指责她没有熨好，她竟把我所有的衬衫丢到外公家旁边的公共菜园，从那以后我就只能自己熨衣服，我也知道了母亲的脾气，于是变得很小心，再也没有抱怨过。

在利物浦住了几个月后，我们搬出外婆家，住进拉思伯恩路一间有室内厕所的公寓，这在我看起来相当奢华。作为家庭的支柱，母亲坚持读完教师培训学校，决心让家人过更好的生活。7 岁时，我成为家里唯一的男人，到了 11 岁，一切都变了。

母亲和一个叫泰瑞的人结了婚，随后他就搬了进来。认识母亲时他是英国皇家空军士官，是一个与我的父亲截然不同的人。在大部分继亲家庭里，孩子会和新家长产生摩擦，特别是当两人性别相同时，我和泰瑞也一直无法和平相处。

泰瑞的脸颊微红，鼻梁上总架着一副深色双光眼镜。我们没有丝毫共同点，他喜欢斯诺克，而我讨厌斯诺克。他对我母亲很好，但我认为他是在装绅士。在他面前我有一种莫名的优越感，因为他看《每日快报》，而我父亲读《卫报》和《纽约时报》。泰瑞退役后成了一名推销员，有点讽刺的是，我后来也成了销售顾问。

我们姐弟三人要轮流在每天晚饭后打扫厨房，轮到我打扫时，泰瑞就会跑到厨房检查。只要排水孔有一点污迹，他就会说：“你没有好好洗，给我重来。”然后他会重新检查，直到完全满意为止。

泰瑞会看电视上的益智节目，大声猜出答案，然后把头转向我们，示意所有人都得夸他聪明，而我只是安静地坐着，内心有一股强烈的厌恶感。从此以后，我对猜谜节目有着病态的憎恨，主持人和名人来宾沾沾自喜的样子总能让我想起泰瑞。然而，我和泰瑞之间存在隔阂的真正原因是：母亲爱他胜过爱我。

家里的气氛让人不自在。我很多时候都待在房间里，每晚入睡前听着英国国家广播公司(BBC)第4频道的新闻。只要我不出现在泰瑞眼前，所有人的日子都会好过一点。

这听起来可能有点沮丧，不过我也从母亲那里了解了一些道德标准。我小时发生过两件事，至今仍记忆犹新。9岁时，我从杂货店拿走了一包口香糖。我要付钱时，刚好店员被叫到别的柜台，我想：我就这样拿走也没关系，没有人会知道。刚踏出店门，我就知道这么做是错的。

我把那条口香糖带回家，但没有吃，我知道自己成了小偷，开始受到良心的谴责。隔天早上我准备把口香糖还回去，却比把它偷走时还害怕。后来我带着那条口香糖回到店里，把它丢进散装糖果展示区就匆匆离开，这让我了解人会良心不安。**我在学校和教堂听过，一个人永远无法欺骗自己，现在我知道这是真的。**

另一件改变我性格的事发生在我10岁那年，有一天我从母亲的皮包里拿了一枚50便士的硬币，去买最喜欢的卡洛麦焦糖巧克力棒。我知道如果母亲发现，她一定不会轻饶我。回家时我发现母亲注意到硬币不见了，我吓得浑身颤抖，但她没有生气，只说："如果我不信任自己的儿子，我还能信任谁呢？"虽然只是一条巧克力棒，但我永远忘不了这个教训。

那时我们搬到了廷瓦尔路一栋半独立式的房子里，我们大概被认定为中下阶级，不过在物质方面还算充裕，只是在情感方面没有多大改变。我越来越独立，家里的气氛也变得更加紧张。泰瑞出现之前，我与母亲也有偶尔的快乐时光，她会为我炸薯条当宵夜，我8岁生日那年，她带我坐船从默西河到新布莱顿，给我满满一大纸杯的硬币玩老虎机，那可叮咚咚的声音，以及机器发出的亮光令我着迷。在那段艰苦的日子里，母亲展现出的适应力令人尊敬。我确定母亲爱我，但我并没有感受到多少温暖，这让我缺乏安全感。

如果一个人在幼时缺乏安全感，那种心态就会永远跟着他。**我时常提醒自己，比起快乐，痛苦教会我更多东西**。所以我至今仍然保持着午夜上床，清晨5：30就起床工作的习惯，我会把自己逼到极限。

如果说泰瑞为我做过一件事，那就是他让我下定决心出人头地。我常去叔叔开的文具店，那里就像阿拉丁的宝库，有笔、纸、打孔机和胶带。我现在还能想起店里的气味，那是少数几个让我真正感受到快乐的地方。叔叔会让我带走任何我想要的东西，父母离婚后，他和母亲仍然保持联系。有一天他来我家做客，泰瑞和母亲都在，从我的“商店”买东西时，他告诉泰瑞：“这孩子将来一定会成就一番事业，你们等着瞧吧。”泰瑞答道：“我可不确定。”我心里想着：我一定会证明给你看。

从吉百利的“突击销售员”起步

1971年9月，我进入大卫王高中。每个年级有3个班，接受入学测试后，我被分到差生班。父母离异让我变成一个容易分心、情绪波动大的青少年，但我没有自暴自弃，16岁得到中学教育测验成绩优秀奖。我对经济学和英文很感兴趣，但在正式的教育环境中我并未在这两方面有突出表现。如果我由父亲带大，或许会去读大学，但这并没有发生。我只想离开学校，用最快速度逃离廷瓦尔路。

14岁时，我目睹了一场汽车和摩托车相撞的致命意外，这也对我产生了深远影响。我作为一个目击者，明白了一个人对世界的看法可以在一秒钟内突然翻转。那是一场普通的车祸，一辆在辅路行驶的汽车将超车上来的摩托车撞翻。我仍清楚记得摩托车司机倒在路上的样子。他的白色头盔飞出很远，血从耳朵里流出。我从那时开始给交通部门写信，建议摩托车日间行驶也要开灯，后来还受到交通部长的接见。在这类车祸中，摩托车几乎都是无辜的一方，时刻打亮车灯可以让汽车司机更容易看见他们。每次我在路上看到可能发生车祸的地点，无论在世界的哪个角落，我都会拍照后发给相关部门，并附上我的建议，已经有上千个地方在我的建议下变得更安全。

1976年,高温热浪袭击英国,电台反复播放着10Cc乐队的《生无可恋》(*I'm not in love*)。我从大卫王高中毕业，进修米尔班克商学院的晚间商业课程，但最终未能完成学业。因为我找到一份真正的工作：在酒馆当厨师。后来我在卢卡斯航天公司谋得一个工作机会，他们为劳斯莱斯汽车的引擎制造电控燃油喷射系统的元件。我应征的是“商务储备经理”，公司最后雇佣了我,这是我第一次觉得自己是个人物。实习期间我要在人事、财务、科技还有行政部门轮岗，我高兴地待在工厂里，每天观察、聆听、学习。

我会和操作车床的技工闲聊，了解他们的报酬计算方式。有段时间我负责送信，利物浦人很爱开玩笑，我遇到这些工人时会大喊：“你好吗？制服好帅。”他们也会调侃我,却充满温情。我觉得自己不属于学校，而是属于这里。

我很早就开始学习如何与社会不同阶层的人沟通，我的母亲说话很得体，邻居都叫她“皇后”。长大后，我可以轻松地与任何人聊天，无论基层员工还是资深银行家，我都不会感到不自在。在大多数组织里，最亲切的往往是最底层的员工，而最令人生厌的就是那些资深人士。

卢卡斯航天公司的人事经理非常自以为是，天真的我总是有什么说什么，所以我们之间的关系十分紧张。工厂有一个意见箱，大部分人对那个箱子视若无睹，但有一天我写了一张纸放进去。我建议如果人事经理能多花点时间在工厂走动，而不是待在自己的办公室里，劳资关系将大幅改善，最后还签上了自己的名字。我当时16岁，相信自己的建议一定能得到20英镑的奖励。几天后，我被人事经理叫到他的办公室，对方暴跳如雷，狠狠骂了我一顿。我以为自己会被开除，便向工会代表寻求帮助，他告诉我完全没有做错。

20 世纪 70 年代，英国劳资关系十分紧张，抗议事件频发。煤矿工人罢工，政府不得不将每周的工作时长改为 3 天；停电导致冰箱里的食物发霉，最令人泄气的是看不了电视；街上堆满垃圾，利物浦似乎处于无政府状态。后来撒切尔夫人上台，身为一名影响时代的杰出女性，她指出如果我们想脱离泥沼，就不该这样下去，随即进行大刀阔斧的改革。

卢卡斯航天公司让我没有安全感，因为工厂当时正面临倒闭危机。在我辞职后不久，这件事果然发生了。我的职业生涯如果刚起步就夭折，需要依靠失业救济金维持生计，那就实在太悲惨了。我买了份地方报纸，阅读每一条招聘信息。虽然找到很多感兴趣的职位，但我的能力都不符合对方的条件。直到有一天，我看到知名糖果公司吉百利·史威士在招聘推销员。

面试地点是曼彻斯特的一家酒店，我为此特地买了一套新西装。我的表现似乎令对方印象深刻，公司任命我为“突击销售员”，我所在的团队负责英格兰西北部格拉纳达电视台的播送区。位于伯明翰的行销部门会替各种产品制作电视广告，然后我们载着整车以现金出货的罐头到街头贩售。每个人都会带一本收据，记录自己卖出的数量。

每个月广告的主打产品是什么，我就推销什么。我会守在停车场、咖啡厅、商店门口，一有人经过我就上前介绍产品，后来我成了全英国最成功的销售人员。那是一种很简单的销售模式，成功和失败完全由数字衡量。

我没有从任何教科书中学习推销技巧，也完全不想试图通过操纵人心或耍手段来销售，欺骗往往适得其反。推销很大部分是纯粹的苦功，你必须把产品展示给消费者。这是个数字游戏，越多人看到你的产品，就会有越多人买。

我们无时无刻不在推销自己，你要做的就是自然、诚实，用心倾听。我上过一些推销训练课程，觉得那简直是胡说八道。我一加入吉百利就能卖出产品，这是因为我从小就懂得如何挨家挨户推销我的黑莓。

29 岁，站上世界顶峰

我的下一步终于让我能够离开廷瓦尔路，直达伦敦。1978 年，我 18 岁，已经到了能够出入酒馆的年龄，便向公司申请去伦敦卖软饮料。我的销售区是旧肯特路到英国国家大剧院一带的隐蔽酒馆。一天我在英国国家大剧院的员工餐厅吃早餐，赫然发现自己坐在著名演员费莉西蒂·肯德尔对面，突然感觉自己已成为这令人兴奋的新世界的一份子。虽然我还只是个卖软饮料的推销员，但父亲一定会对我处在这样一群人中表示认可。由于我工作太努力，一间接着一间酒吧不停地推销，常招致其他推销员的背后指责。

我最可爱的一位客户是旧肯特路上一位和善的饮料批发商。他是塞浦路斯人，每次我登门拜访，他都会给我冲一杯拿铁，然后拿一份《每日邮报》给我。一天早上我在他的休息室读报时，留意到一家名为 KeyMed 的公司刊登了一则招聘广告，上面只写着："你能力强吗？"没有要求任何文凭。我于是跑去应聘，得到了在伦敦罗素酒店参与面试的机会，当时我 20 岁。

销售经理伯纳德·克拉克对我很感兴趣，他让我进入在绍森德举行的第二轮面试。这次的面试官是艾伯特·雷丁豪，他是这家迅速崛起的医疗工业公司的共同创始人。我们谈了 30 分钟，我很担心自己的表现无法让我得到这份工作，但最终雷丁豪同意录用我。我在机场饭店进行了为期 6 周的培训，学习一切有关消化道的知识，了解内视镜的原理及使用方法，还知道了公司有哪些竞争对手、我们的产品优点是什么。

这个产业令我着迷，它正处在上升期。内视镜让医师不需要采取侵入性手术，就能看到病人身体内部，虽然我不懂技术，但其中蕴含的科技力量还是让我兴奋不已。

进入公司后，我努力工作，从雷丁豪身上学到了他的商业价值观。他极富魅力，但也善用霹雳手段，我不止一次看到男性员工哭着走出他的办公室。

虽然已经是开着宾利轿车的千万富豪，但雷丁豪绝不是个冷漠的人，他喜欢有活力的年轻人。他的思想和行为深深影响了我，我永远感谢他给了我证明自己的机会。21年前，雷丁豪从KeyMed退休，现在已经80多岁高龄，我们会定期共进午餐，他俨然成了我的代理父亲。

除了可弯曲内视镜这个主力产品，手术用硬式内镜的潜在市场更大。1979年，奥林巴斯并购德国苇音特和意北公司（Winter & Ibe GmbH），那是一家专门生产工程精密仪器的杰出公司，但光学产品并非该公司的强项，于是奥林巴斯与之分享光学技术。奥林巴斯拥有出色的产品，但在这个领域，KeyMed公司既没有悠久历史，也没有很高的声誉。

我找到雷丁豪，告诉他我们或许永远都只能卖可弯曲内视镜。虽然我们的产品家喻户晓，医生们像欢迎家人一样欢迎我们，然而在外科手术方面，我们却没有立足之地，假如我们能让临床医师使用我们的产品，必将创造更辉煌的未来。

我说："我认为我们应该细分销售部门，成立专门销售外科手术内镜的新团队。"我还建议提高新团队行销人员的报酬，因为推销硬式内镜的难度更大。雷丁豪先是问了我一些问题，以探明我的决心，然后对我说："好，你去着手组建团队吧。"那年我21岁，进入公司不到18个月，那是我事业上的一大突破。

人人都想找到一个心灵伴侣。1980年夏天，大概在我加入KeyMed公司前的6个月，我接到了一位朋友的电话。他要来伦敦出差，想借住在我这里。我原本意兴阑珊，后来他解释说要陪一个必须搭早班火车到盖特威克机场的西班牙女孩。我和他们在优斯顿火车站碰面，瞬间被这位充满活力的访客迷住了，她就是南希，7年后成了我的妻子。

南希的父母慈祥和蔼，她的母亲安努西亚是一位端庄的女性，看到我她很高兴。在过去的30年间，这位慈祥的母亲给了我这辈子想都想不到的爱。我第一次拜访南希时，她父亲担心我只是个卖可乐的穷推销员，我必须向他证明自己是个负责任、体面的丈夫，配得上他的女儿，而我终于在29岁成为了KeyMed公司的总经理。

由于当时 KeyMed 已经成为奥林巴斯旗下的公司，我要就任总经理，必须到日本向当时的下山总裁汇报我为公司拟定的计划。他对于让一个 29 岁的年轻人担当如此重任完全没有信心，但我的报告改变了他的心意。当晚，下山带我到新宿希尔顿酒店的中式餐厅庆祝，我感觉自己站上了世界顶峰。

第6章

风暴席卷奥林巴斯

2011.10.16～10.24

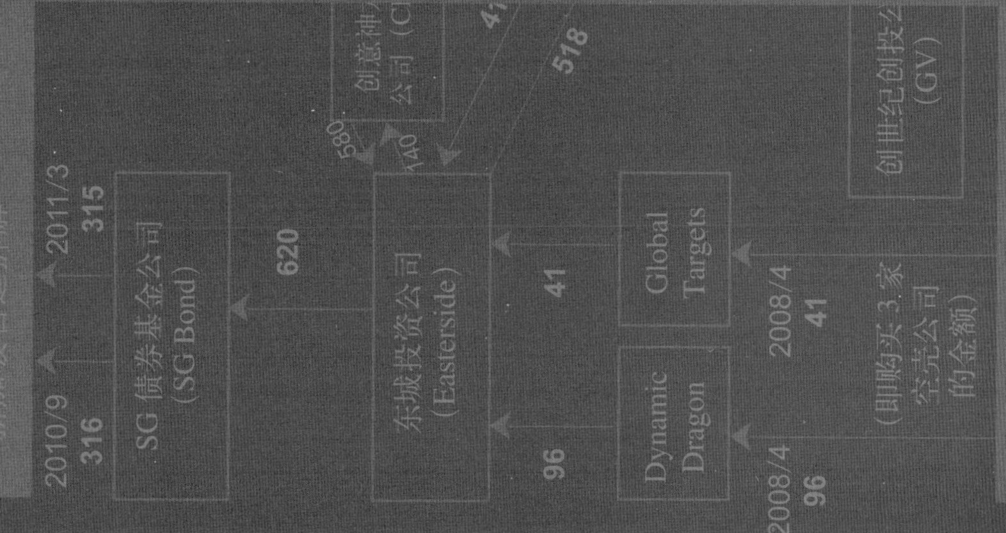

我的故事上了《金融时报》头条，看着这些文字，我才真切感受到自己已经成了前总裁。

昨天，奥林巴斯的股价下跌了18%，大量股票被抛售，公司市值缩水超过10亿美元。

天亮时分，我们抵达希斯罗机场，这里的一切宁静而安详。通关后，我深深呼了一口气，终于到家了。我离开海关，南希在出口等我，我们紧紧抱在一起。南希抱了我很久，一句话都没说。她从包里拿出当天的《金融时报》，我在头版看到了自己的照片，标题为：

奥林巴斯总裁因追问数十亿美元资金流向被扫地出门

一如索布尔保证，我的故事上了头条和著名的列辛顿专栏，另外还有登在内页的特别报道。看见报纸上的文字，我才真切地感受到自己现在已经是奥林巴斯的前总裁了。索布尔还提到，昨天奥林巴斯的股价下跌了 18%，所有人都以为我是因为管理风格上的问题离开公司。

分析师与股东认为，用外籍总裁复兴这家知名企业的尝试已正式宣告失败，大量股票被抛售，公司市值下跌超过 10 亿美元。一名记者仍然力挺我，认为在市场人士眼中，我依然是“亿万金童”，为此我感到受宠若惊。在我离开高富诺广场公寓，匆忙赶向羽田机场时，公司股价便一路下跌，这种情况一直持续了数周。如果菊川以为这只是市场的失望性卖压，那么他就太天真了。

清晨 6：00，我站在希斯罗机场 3 号航站楼，意识到自己的人生已经永远改变。我现在是个告密者，是背叛族群的孤狼。我是一个因为做了自认正确的事而遭到驱逐，而且被狠狠惩罚的人。

与南希汇合后，我们坐电梯到停车场。10月，伦敦的气温比东京低很多，走出电梯时我感到一阵寒意。车上的广播里正在播放奥林巴斯的头条新闻，车子开动后，我找出公文包里的手机，开机，手机马上铃声大作，通知我错过了来电、短信与语音留言。我还没来得及读第一条信息，电话就响了，是《华尔街日报》的记者打来的。接下来的几个月，我的手机从没有安静超过5分钟。

看到熟悉的街道，看到人们过着正常的生活，这多么令人欣慰。我很想在车上补一觉，却怎么也睡不着，我开始读《金融时报》：

风暴席卷奥林巴斯

奥林巴斯虽然依靠内视镜产品享誉全球，却也不慎暴露了自己丑陋的内幕。这家拥有92年悠久历史的日本公司的前任总裁迈克尔·伍德福德被自家董事会指控未能遵从严格的管理阶级制度。这位出生在利物浦，为公司服务了整整30年的总裁则告诉金融时报的记者，自己是在质疑一系列并购案和十数亿美元资金流向后被董事会解聘。

不论接下来发生什么，当伍德福德先生回顾自己身处权力巅峰的短暂时光时，心中应该感到些许自豪。他在2月被任命，4月正式接替菊川刚成为总裁，在6月的股东大会上，他的支持率远远高出其他14位董事。在市场环境极为艰苦的情况下，他有一个非常好的开始。日本由于发生地震海啸，多条生产线完全被摧毁，尽管如此，数码相机的促销战略仍有效弥补了奥林巴斯的损失。

如果不是日元未能保持稳定汇率，截至6月，奥林巴斯前3个月的净收益仅较去年同期下降0.2%，而不是数据显示的3.6%。在当时的特殊情况下，还能实现盈利实属难得。其以折扣促进销售、严格管控日常与行政支出的措施收到成效。投资人也看出，奥林巴斯内部正在产生良性转变。从伍德福德先生就任总裁到他被辞退，奥林巴斯股价涨幅超过日经指数涨幅的20%，比精密仪器类股票平均涨幅高出7%。

奥林巴斯董事会似乎也认可了伍德福德的部分领导能力，两周前任命他为总裁兼CEO。伍德福德先生被解聘的消息一出，投资人就决定抛售股票，导致股价重挫18%，这是奥林巴斯股价40年来的最大跌幅，这意味投资人对内情有所担忧。

并非一个人在战斗

刚上大学的大儿子爱德华在家等我，他听说事情后立刻赶回家。我还在倒时差，脾气有些暴躁，但爱德华一直保持镇定，对我十分体贴，他是最能抚慰我焦躁情绪的人。他了解自己的父亲，我们是真正的朋友，我不想和他一起去夜店，但我们仍然相当亲密。他有良好的判断力，能凭直觉了解人们的动机，我们什么都能聊，也真的什么都聊。

我和南希、爱德华坐在家中餐厅里的两张红色长沙发上喝茶，头上是玻璃屋顶，我们常坐在这里聊天。爱德华开始设想各种情境，让他的母亲做好完全的心理准备。南希认为，我们应该抱着以防万一的心态，想办法保护自己，把发生意外的可能性降至最低，我则认为应该主动出击。南希的声音听起来越来越忧虑，我看着她的眼睛，告诉她："亲爱的，我们应该进攻，查明前因后果，敦促相关部门采取行动。"她无奈地耸耸肩，我看过这个动作许多次，那不表示同意，但也不表示反对。

爱德华建议到市中心另外买一部手机，因为我得把手中这一部还给公司。那天下午，伊莎贝尔也从寄宿学校回到家里，她穿着学校的蓝色曲棍球衣，蹦蹦跳跳地跑进来，全身充满活力。"嗨，老爸！"她亲昵地呼唤我，"你还好吗？"她边问边露出最温暖的笑容，然后用力给我一个大大的拥抱。她知道我不好过，但并不完全了解为什么。

当晚，我们一家人到附近的平先生餐馆吃中国菜。我解释前一天在东京发生的事，但由于不想让伊莎贝尔担心，有些地方我只是一句话带过，但我担心接下来几周可能会发生几件大事。

回到英国的第一个晚上，由于担心电子邮件账户是否安全，我几乎彻夜难眠。如果曾经参与奥林巴斯并购案的人打算毁灭证据，他们很可能黑入我的邮箱账号。我一直担心这件事，所以在凌晨时摸着黑下床走到书房，打开家里的电脑，修改了我的邮箱密码，我没有回去睡觉，而是继续向全世界发送邮件。前一天《金融时报》登出报道后，无数记者都想就此事采访我，很多国际主流媒体蜂拥而至。我把自己给过索布尔的资料也提供给了他们，不过发送的是电子文件。

第二天6：00，天还没亮。我到楼下厨房泡茶，等水烧开后，我走到放着笔记本电脑的桌前，发现屏幕仍然定格在我的收件箱界面，昨晚我忘记了退出账号。我试着打开电子邮件，却发现无法登陆。我不禁吓出一身冷汗，有人盯上我了吗？我又试了几次，每次都提示我本账号已注销。安全系统不让我恢复账号，我觉得沮丧，但这是我的错。我忘记退出笔记本电脑上的账号，又在家用电脑上改了密码，导致某个环节出了问题，人疲惫时很容易犯一些低级错误。我注册了一个新账号，立即发邮件给东京的索布尔，继续保持联络，接下来将会有更多的记者追着我问奥林巴斯究竟发生了什么。

那个周六，我沉思了几个小时，发现我是独自一人在对抗一家庞大的企业。我突然觉得自己很渺小、不堪一击，丢失电子邮件账号更是雪上加霜。有好几次我扪心自问，自己为什么会走到今天这一步？**过度自信就成了自负，它会让我分心，在那种时刻，我的确有些草木皆兵**。我没有宗教信仰，但在感到绝望的时候，我仰望苍天：“为什么上帝要这样对我？”欲哭无泪的我真希望能发泄一下自己的情绪，如果能痛哭一场就好了，但自从前一年南希母亲过世，我就不曾哭过。再之前流泪则要追溯到10年前我父亲过世。

人在失意时，常会有一些特别的东西让你振作起来。星期日早上，好友的两个女儿分别寄来电子邮件。第一封是他最小的孩子梅兰写的，和平常一样，她在信里用法文称我为“Tonton”（叔叔）：

亲爱的迈克尔叔叔：

听到奥林巴斯的新闻我很难过，但迈克尔叔叔不要担心，要振作起来，你一直是最棒的！你还有家人和我们，我们永远是你的朋友！

梅兰

我努力不让自己的眼泪流出来，继续读梅兰的姐姐梅英的信：

哈喽，迈克尔叔叔：

你是我们家的一分子，如果你难过，我也会难过。我知道你是世上最坚强的迈克尔叔叔，加油！我希望听这些歌会让你脸上有一点微笑。

我们准备好了汤面和好吃的油封鸭在巴黎等你，赶快带着笑脸来找我们！

梅英

梅英附了一个链接，里面有几首她觉得可以让我开心一点的歌。我点开链接，听着她精心挑选的歌曲，梅英在用自己的方式告诉我，迈克尔叔叔从来不是孤独的一个人，他会打出一记漂亮的勾拳，击败敌人，走出困境。我必须尽最大的努力，不让他们失望。

那天早上，我和爱德华找到一家不起眼的电脑维修部。我需要将两台笔记本电脑上的资料完全清除，保护那些帮助过我的同事。带着浓重东欧口音的老板从我含糊的话语中察觉出了我的意思，拍着胸脯向我保证：“老弟，这个软件跟军方用的一样，能把你电脑里的东西删得毛都不剩一根！”“多少钱？”我问。“你那么急，就 150 英镑吧。”只是装一个程序，这个价格实在有些贵，不过最后我还是付了钱。讽刺的是，我花这么多力气试图保护的人当中，有人很快就背叛了我。

检举，揭发，全面曝光

回到英国刚刚 24 小时，坏消息就一个接一个地传来。我仿佛回到了巨石大厦，又一次感觉手脚冰冷。幸好那时我的好友莱斯莉打来电话，邀请我去他们家共进午餐。我在 1989 年与莱斯莉相识，那时她刚进入 KeyMed 公司，与我很快成了朋友，而我们各自的另一半，南希与华生也很快熟悉了起来。

华生是我认识的最聪明、最体贴的人。他是个水电修理工，经常手臂下夹着报纸出现在工地。有时周日早上，我们会发现我家附近犹太面包店卖的面包上面竟附着华生的便条，要我们好好享受这美好的一天。那时我已经是 KeyMed 的董事总经理，但华生根本不在乎我的头衔，他择友看重的是人品。

1997 年 1 月 4 日，过完新年假期，我们从西班牙返回英国时，电话答录机上收到留言，华生住院了，他想见我。我和南希放下行李就直奔医院，华生那时已经陷入昏迷。仅仅一周后，原本强壮健康的他就离开了人世。我们每天到重症监护病房看望他，1 月 9 日刚过午夜，莱斯莉伤心地打来电话，她接受了临床建议，决定关掉华生的生命维持装置。在华生的最后几分钟里，我亲吻他的额头，流下了眼泪。

我们和莱斯莉一直是好朋友，孩子们也亲密无间，我知道这份友谊将延续一生。在我认识的人中，如果说谁用最纯粹的人类美德激励了我，这个人一定是华生。周日下午，莱斯莉为了安慰我，为我精心烹制了一锅美味的牛肉汤。她对我说："迈克尔，你会撑过这次难关，一切都会过去，日子将回归正轨。"是的，我一定会找到方法渡过难关。

那天晚上，虽然只有警卫在，但我还是没办法亲自去 KeyMed 公司归还电脑。南希自告奋勇，将两台笔记本电脑、手机、我在东京公寓的钥匙和公司的美国运通卡统统装进一个塑胶袋，放到了警卫室。

隔天早上，南希载我北上伦敦，去见专门负责调查并起诉英国重大贪污案件的重大欺诈案件调查局（SFO）的官员。我知道 SFO 一定会对我的话感兴趣，奥林巴斯并购 Gyrus 公司前，Gyrus 是纯正的英国公司，而且数亿美元的所谓顾问费正是从伦敦流向开曼群岛。我和南希先在绍森德用几个月前在奥林巴斯领的礼券买了一台新的笔记本电脑，当时我是 KeyMed 公司特别表彰的老员工。

前往 SFO 前，我和伦敦的两位律师见了面。他们是伦敦一家知名律师事务所的合伙人，两人彬彬有礼，业务能力出色，但他们的事务所也与奥林巴斯合作，所以存在利益冲突，我必须去找别的事务所。我被转介绍给路易斯·西尔金律师事务所，我们约在当天 18：00 碰面。

我搭一辆黑色计程车到达 SFO 总部，位于布鲁斯贝利区榆树街上的一栋兴建于 20 世纪 60 年代的办公大楼。摄影师与电视台工作人员已守候在楼梯下。我下车后，他们在我旁边围成半圆形，不断向我提问。我知道还没到召开新闻发布会的时候，必须先和 SFO 的人谈，所以我告诉记者们我只想让全世界知道奥林巴斯发生了什么事。我签了名，拿到一张通行证，然后被带到一间几乎没有装潢的简朴办公室。两位调查员负责我的案子，职位比较高的那位大概 50 岁，另一位则还要年长几岁，应该快退休了。我把所有档案交给他们，他们注意到每份资料都被我编了号，并互有参照。最近几年，SFO 的办案成功率不是太高，但他们对我要说的话表现出浓厚的兴趣。

会谈接近尾声，他们提醒我在提高曝光率的同时，一定要对我们之间的谈话保密，以免对未来可能的刑事起诉造成影响。我向调查员保证，不会向媒体透露有关这次谈话的一个字。较年长的那位调查员，以前在伦敦警察厅工作，深色西装已磨得发亮。我在离开之前，提到自己担心并购案相关人士可能试图对我不利，他看着我说："我了解你的担忧，但 SFO 不是警察局，我们不能提供你任何人身保护的建议。你应该去伦敦警察厅，向他们解释发生了什么事。"

此时已是 17：00，用最快的速度让全世界知道真相，远比让警察来保护我的安全重要得多。如果我已经将消息扩散，那封住我的嘴也就失去了意义，因此那天晚上，我先接受了两个电视台的访问，第二天才去见警察。

我刚走下 SFO 大楼的台阶，第 4 新闻频道的记者斯诺迎了过来，我答应那天晚上要到摄影棚接受他的访谈。我和斯诺是旧相识，我们都是一家人权慈善机构的会员。我觉得自己的第一场电视访谈应该从信任的人开始，而接下来的几个月，我上了 200 多个访谈节目。

从 SFO 大楼步行到第 4 新闻频道的摄影棚只要 5 分钟，风格简单的接待处，荧幕正播放着节目。斯诺带我到摄影棚，他的第一句话是“你和可怜的南希一定吓坏了”。他的同情与关心发自肺腑，斯诺曾经在几个慈善场合见过南希，我们两对夫妇也一起吃过饭。

斯诺想了解具体细节，于是我告诉他我被扫地出门之前的所有经历。我们开始录节目时，他告诉我：“这不会是轻松的访谈，有些问题可能会让你不舒服。”

我不希望得到任何特殊待遇，这就是一场挖掘真相的访谈，我说出了自己知道的每一件事。访谈结束后，新闻室的节目编辑非常满意，第 4 新闻频道挖到了独家新闻。

斯诺很和善，陪我走到街上，第 4 新闻频道的专车正在那里等我，准备送我到路易斯·西尔金法律事务所。我和事务所的合伙人科德会面后简单说明了情况。当晚的第二场电视访谈安排在 21：00，地点是彭博新闻的摄影棚，所以我们只有 3 个小时。我很感激科德下班后仍愿意留在办公室等我，他寄了一封 3 页的电子邮件给菊川，控告他诋毁我的名誉，并警告公司很快就会因为无端开除我并违法终止我的雇佣契约而从我的日本律师那里收到律师函。我读到那封信时略感欣慰，《欧洲人权公约》在这时为我提供了莫大的帮助。

接近 21：00 时，彭博新闻的专车接我到他们的伦敦摄影棚，我接受丽萨·墨菲在纽约的热门节目《街头智慧》的现场直播访谈。接下来几个月，我陆续接受了墨菲多次采访，对她颇有好感，现在美国也知道我的故事了。我没有接受过应对媒体采访的训练，所以决定以真实诚恳的态度接受访谈，所以讯息得以顺利传播。媒体是我与世界沟通的主要渠道，我要让真相大白天下。那年接下来的时间，记者与律师成了我重要的新伙伴。

奥林巴斯董事会似乎决定用沉默来应对一切，公司已经陷入困境，股价一路暴跌。彭博新闻尖刻犀利的专栏作家佩塞克写道：“说真的，我宁愿投资给诈骗犯伯尼·麦道夫，也不愿投资奥林巴斯。”

佩塞克批评奥林巴斯，也评论日本文化：

> 当我谈到国外旅游时，大家都对日本兴趣缺缺。如果把话题转向中国或印度，听众就会全神贯注。提到日本时，人们就开始低头玩手机。日本拥有非常强硬的企业文化，他们忽视问题，任由事情恶化，与灵活、创新与透明的全球化经济格格不入。
>
> 奥林巴斯的例子恰好证明日本传统文化如何包庇缺乏责任感的高管，不能够充分披露信息，厌恶挑战权威以及无论股价上涨或下跌，都完全服从公司董事会的决定，从不提出任何质疑。

看到自己关心的国家被如此批评，我高兴不起来，但我知道佩塞克的分析很客观。那天晚上，第 4 新闻频道播出了我的访谈，立刻掀起轩然大波，我开始接到英国同事的慰问电话。我在 KeyMed 公司的其中一位朋友艾玛也打来电话：“迈克尔，看到你接受斯诺的访谈，我惊呆了。情况现在很糟糕，但我必须打电话给你，我能感受到你的痛苦，而且替你担心。”我告诉她有事可以随时找我。

我度过了漫长的一天，电话响个不停，电子邮件一封接一封，除了与律师和 SFO 官员会面，我还接受了两场电视访谈，早上和南希一起买电脑似乎是很久以前的事情。但这一天还没完，彭博新闻的专车把我送到伦敦塔桥餐厅，我在那里和肖尔斯共进晚餐，他是奥林巴斯最大的海外股东美国东南资产管理公司（Southeastern Asset Management）的资深分析师兼总经理。

肖尔斯行事无可挑剔，他强调我们的对话不能涉及任何内部消息。我也很小心，没有忘记自己依旧是奥林巴斯的董事，要对公司负责。我只告诉他《金融时报》报道过的内容，以及我在第4新闻频道与彭博新闻节目上说过的话。

接下来几周，肖尔斯频繁地对外公开发言，要求有问题的董事下台。他以最正面的方式行使股东的权利，日本的机构股东应该感到羞愧。奥林巴斯的在日本的机构股东，大多是日本家喻户晓的银行与保险公司。在并购案的黑幕曝光后，他们从未公开谴责奥林巴斯董事会，而且他们也从未对我揭发这一重大舞弊案表示过任何支持。日本企业界就像是一个大型高尔夫球俱乐部，他们的第一守则就是保护俱乐部会员，无论这些会员做了什么。

肖尔斯对发生的事情十分关切，不仅因为他看到公司的净值一直在蒸发，更是因为他认为自己对这家企业同样负有责任。他只给我一个建议："不要辞去你的董事职务。"

吃饭时，我收到奥林巴斯欧洲分公司的董事总经理斯蒂芬·考夫曼的简讯，他在我被解聘几天内，接替我成为欧洲事业部的负责人。他严厉谴责我将此事诉诸媒体，这让我哑口无言，因为就在几周前，他还说全力支持我。在我返回日本向董事会摊牌的那个星期，我们还在汉堡的意大利餐厅吃饭。

明镜周刊的记者报道了考夫曼的背叛，该记者曾访问那家意大利餐厅的经理与服务生。那天晚上，我们这两个奇怪的客人给他们留下了深刻印象：考夫曼迟迟没有点餐，花了一个多小时看着我的笔记本电脑，反复阅读我写给奥林巴斯董事会的5封邮件。他看完后告诉我："一定是黑手党。"然后我们才点菜。隔天他发了一封电子邮件，感谢我对他的信任，让他看那些邮件。他说："我祝你有烧干这个蛇窝的超凡力量，你是在为了正确的事发起圣战，你在保护我们这些希望奥林巴斯成为值得尊敬的公司的人。如果有什么我能帮忙的地方，请随时找我。”而正当我需要忠诚盟友时，考夫曼变节了，他告诉我应该试着从内部改变。我写了 6 封邮件给董事会，就是为了试着从内部来改变事情。我几乎是在求他们采取行动，而他们从未做出任何反应。

东京董事会正在用非常规的手段对付一个对公司忠心耿耿的员工，考夫曼也突然忘记蛇窝的事，让我一个人参加这场圣战。

寻求人身保护

与肖尔斯用餐结束后已是午夜，我沿河走回家，心情沮丧。更糟的还在后面，当晚南希开始做噩梦，她睡了一个小时后尖叫着醒来：“迈克尔！迈克尔！他们拿走了所有东西！他们来抓我们了！”她睁大双眼，一直重复这几句话。我只能对她说：“一切都会过去，没事的。”

南希几乎每天晚上都做同样的噩梦，我很担心她的精神状态，同时我也开始担心自己睡眠不足。我必须保持专注，这样才能顶住压力。如果我倒下，这个家就会跟着我倒下。我服用安眠药，却发现自己白天的时候精神恍惚，药物会让人错乱。夜色下泰晤士河静静地流淌，这是我回到伦敦公寓的第一晚，希望明天事情会好起来。

翌日，我到伦敦警察厅，一个穿着亮黄色夹克、配着手枪的警官走过来，他以温和的英式作风指出：“先生，这里没有对民众开放，我建议你到白金汉宫路上的贝尔格莱维亚警察局，我相信他们可以协助你。”贝尔格莱维亚是伦敦地价最贵的地段，我以为那里的所有建筑都会很豪华，所以当我看到警察局的破招牌与破地毯时，着实吓了一跳。

值勤警员坐在防弹玻璃后面打量着我，这是他们对每个进来的人都会做的事，坐在这里的警员要比别人多应付几个浪费时间的醉汉和精神病。他对我说：“你好，先生，有什么我可以帮忙吗？”我告诉他奥林巴斯数十亿美元欺诈案的故事，说这件事可能牵涉有组织犯罪，我担心日本黑帮会对我不利。

听我说话时，他的眉毛似乎都扬到了头顶上，他一定觉得又来了一个疯子。我知道他不相信我，所以告诉他："您只需要在网上搜索一下我的名字，就知道我是不是在说谎了。"几分钟后，他带着错愕的表情回来，带我到一间询问室，请我坐下，并要我出示身份证明。

我从一个"穿着西装的疯子"变成了优先处理案件，他告诉我他已经联络了长官，警方严肃处理的态度让我确信我的担忧并不是庸人自扰。警察厅对伦敦街头的外国犯罪组织尤其关心，最近的一起案件是俄罗斯前特工亚历山大·利特维年科在伦敦一家寿司店被下毒，放射性元素钋要了他的命。

几小时后，两位负责皇家与外国要员安危的警务人员来到我们泰晤士河旁的公寓。我们住在这里比较有安全感，进公寓门和电梯都必须输入密码，另外还有大量的监视器与24小时值班的门卫。然而，他们的评估结果出乎我预料，二人几乎是在例行公事，指出前门需要加强防护，要增加特别的锁链，而且应该封住邮箱，不然可能会被塞进爆炸物。

这一切让南希惊恐不已，她是一名教师，如今突然发现自己身处一个完全陌生的危险世界，那天晚上她又做噩梦了。我们去见地方警局的高级警官，他问我们要不要派武装警察24小时守在公寓外，我和南希都认为这可能会对我们的孩子及邻居造成心理负担，所以需要考虑一下。到目前为止，伦敦警察还没有遇到过日本黑帮在他们的巡逻区域进行暗杀活动，但他们不想冒险，如果日本黑帮准备打破平静，伦敦警方不会希望这事发生在他们眼皮底下。

爱德华和伊莎贝尔都在读寄宿学校，我和南希住在伦敦的公寓，没有回绍森德。过去几个世纪，塔桥东南的巴特勒码头发生过多起犯罪案件，作家狄更斯很爱在这一带龙蛇混杂地区闲逛，不过他有水警的陪同，《雾都孤儿》里的大反派赛克斯也在这里。那一带曾是存放豆蔻、咖啡、葛缕子种子的仓库，现在是办公大楼与豪华公寓。

我们委婉地拒绝了让配枪警员守护在公寓门口的建议，要进我们的公寓并不容易，而且我们住的楼层也很高。警方告诉我们，我和南希的电话已被登记为优先处理的号码，如果我们拨打报警电话，武装警察几分钟内就会赶到，听到这话我安心不少。

期间也出现过一次尴尬局面。一天晚上，我们的邻居外出，留下他们十几岁的孩子。几个正处于青春期的叛逆少年趁父母不在大开派对庆祝，还跑到隔壁的阳台上跳舞，制造令人无法忍受的噪音。那时已经是凌晨，我们礼貌地请他们安静些，他们却不以为意。我伸手拿起电话，南希大声问我：“你干什么？”“打电话给警察。”我对她说。她马上要我冷静下来，只不过是几个喝醉酒的孩子，有必要惊动武装警察吗？回想起来，如果当时打了电话，估计他们这辈子也不敢再开派对了。

第7章

众怒难犯

2011.10

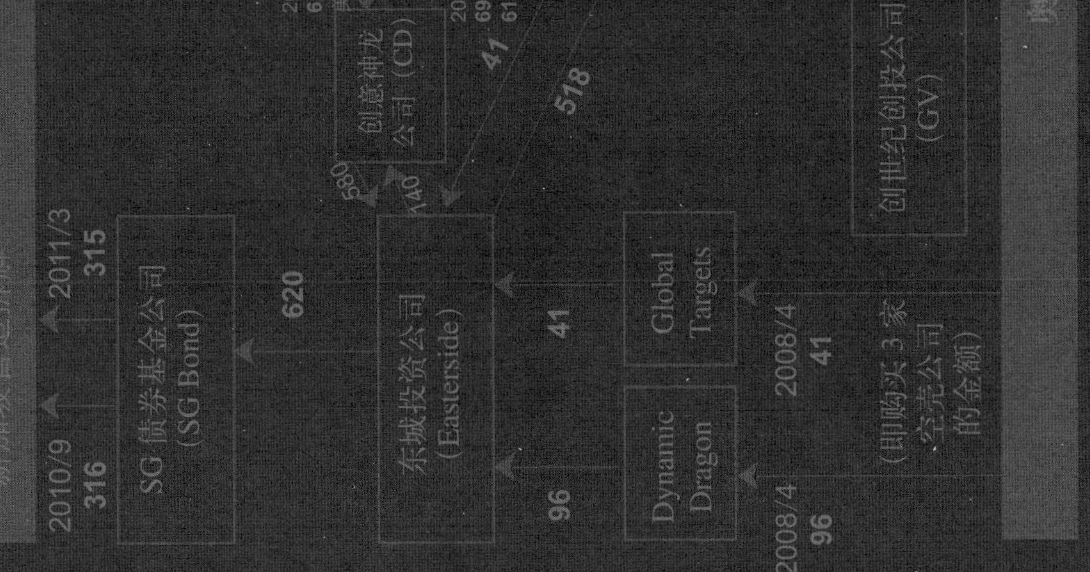

我被奥林巴斯解雇后，原本相识多年、亲如兄弟的同事，现在却突然待我如麻风病患，小心翼翼地和我断绝一切联系。

我一直想知道*Facta*的线人是谁，也曾无数次猜测过自己是否认识他，如今，这个人突然主动联系我了……

告密者永远是独行侠，学校里爱打小报告的孩子不会再得到同学的信任，他们会一直孤单下去，遭人鄙夷。

我被奥林巴斯解雇后，曾经的同事与我的关系忽然紧张起来。原本相识多年、亲如兄弟的同事，现在却突然待我如麻风病患，小心翼翼地和我断绝一切联系。似乎暗地里有什么压力，禁止他们与我来往。突然之间，我变成了不受欢迎的人，就像一个人们避之不及的污染源，我完全无法理解自己究竟做错了什么。

然而我也并非完全孤立无援，远在伦敦的南希和亲朋好友都支持我，但我迫切需要他人的支持，尤其需要能帮我对抗日本媒体和政府当局的盟友。因为我不懂日语，根本无力独自与之抗争。幸运的是，在东京，还有另外两个人愿意帮我：宫田与和空。接下来，我与日本媒体以及政府当局进行了长达数月的斗争，他们二人始终不离不弃地坚守在我左右，虽然有时我对他们及其家属提出的要求不可理喻，但他们从没拒绝过我的要求。

早在 1986 年，我到巴西圣保罗参加消化病学大会，入住凯撒公园法利亚利马酒店时就认识了宫田。初次见面的情形我仍记忆犹新，我们在我酒店的房间里滔滔不绝地聊了 3 个多小时。当时，我们聊得很投机，很快就有了相见恨晚的感觉，那次见面后我们就成了知己。迄今为止，我们之间的深厚友谊已经维系了 26 个年头。

我们经常谈论阿尔伯特和公司的事务，阿尔伯特比宫田年长一辈，是一个很特别的商人，也是一位对下属要求非常严格的上司，但他总在创造新事物，促成新进展。工作时，他总能激励他人，他还是一个勇于打破传统的人，例如他敢于提拔年仅 26 岁的我担任营销总监一职。把这么重大的责任交付给一个外国来的年轻人，这在日本属于闻所未闻的新鲜事。因为日本的晋升制度非常刻板，在这样的体系下，个人的晋升过程非常缓慢。

每次我跟和空说话，不论是清晨还是半夜，他永远热情又亲切。不论是什么样的情况，他都有办法找到其中的幽默之处，化解紧张的气氛。报道说可能牵涉日本黑道时，他觉得不需要担心："*Facta* 杂志的主编还没被杀呢！"和空倾尽全力帮助我，他甚至买了 100 股奥林巴斯的股票，只为了和我一起参加股东大会。

我们就这样形成了三剑客：伍德福特、和空与宫田。

在东京，菊川对我展开人身攻击。星期五 10：00，他在公司股东会议上向大家解释我被开除的原因。当时离我在会议室摊牌还不到一小时，奥林巴斯举行了一场新闻发布会，菊川对记者说："公司从众多总裁候选人中选择伍德福德先生的初衷是，我们原本期待他能帮助增强奥林巴斯的全球竞争力。然而他根本无法理解日本企业的管理风格，独断专行，肆意妄为。本人担心如果任由形势发展，可能对我们的顾客及股东的利益造成极大损害，本人对于伍德福德先生的去职深感遗憾。"

如果"日本企业的管理风格"是指不能质疑菊川和董事会的任何决策，那么我的确无法理解，但我不会就此善罢甘休。对于记者的提问，菊川的回答闪烁其词。这符合他的一贯作风，不过有一句话我觉得有些滑稽。记者问他："伍德福德是您亲自任命的，您认为自己对这件事应该承担什么样的责任？"他回答："本人知道自己责任所在，但我们必须遵循本公司 2010 年推出的《基本管理方案》。本人将兼任双重职务，继续领导公司。我并未打算替自己减薪或采取任何类似的措施。"替自己减薪？这完全有悖他的常理。

森在新闻发布会上表现得也很积极。当被问到“宣布伍德福德先生被开除后，奥林巴斯的股价一落千丈。你们的全球竞争力计划会不会因此中断”时，他的回答充满了真知灼见：“我们的《基本管理方案》在伍德福德先生上任之前就已实施，所有齿轮将继续运转。”他根本不知道几个星期内，那些齿轮就会完全卡死。10 月 14 日，我被解雇当天，奥林巴斯在公司网站上刊登了新闻稿：

人事异动通知

由于迈克尔·伍德福德在经营的理念与方式方面严重背离公司传统，这对经营团队的决策过程造成困扰，因此公司认为伍德福德的经营团队将难以达成 2010 年制定的“推进全球化的新阶段”的公司策略。除了因为特殊利益关系不能投票的伍德福德，所有出席的董事全体无异议通过解除他的代表董事、总裁与 CEO 三职的议案。此外，董事会投票决定代表董事暨董事长菊川刚同时兼任总裁与 CEO。

奥林巴斯致力于制定世界通行的管理规范，以及信息管理与经营方式，规范企业的基础框架，让公司能够快速响应，同时也高度重视人、科技与创造力的结合。为了达成此目标，公司全体员工应该统一方向，我们将很快建立新制度，所有员工将重新团结为一体，一齐朝着共同目标前进。

我太熟悉这份公告空洞的修辞，然而最令人不安的是，公司的公告也与现实不符，随后又在记者会上虚张声势，显然菊川与森真的认为自己可以瞒过整个世界，公司会一如往常运作下去。星期一早上，针对我的新一轮攻击又开始了，森和投资人与分析师举行电话会议，讨论公司可能对我采取的法律行动。

同一天晚上在伦敦，我接受彭博新闻记者墨菲的访问，“我将十分乐意与菊川先生、森先生在高等法院碰面。”我说，“既然民众很关心这个故事，那就将一切大白于天下吧。”让菊川和森到伦敦或纽约来向法官解释，奥林巴斯为什么要为3家没有营业额的公司支付9.4亿美元，为什么要付6.87亿美元给身份不明的顾问。我知道铁证如山，他们两个人绝对不敢踏出日本一步，以免被SFO或FBI逮捕。

星期一早上，媒体公布了我的说法：为Gyrus公司并购案支付的顾问费用高达6.87亿美元，换算起来是35%的交易价格。森在电话会议上被问到这件事，他反驳真正的数字比那低一半，但拒绝透露确切金额。即使真如森所说，那么他究竟是在什么星球上，愿意白白付出近3.5亿美元的顾问费？力图安抚投资者的森无功而返。那天股市收盘时，奥林巴斯的股价继10月14日下跌18%后，再度暴跌24%，32亿美元市值就此蒸发。

奥林巴斯输了这场新闻战，公司拒绝回答问题的强硬态度在世人眼里看来更像是一种逃避的表现。菊川与其他董事在那几天面对巨大的压力，一定如坐针毡。菊川接受日经新闻记者的访谈时承认的确并购了那几家公司，但断然否认有任何可疑之处。此外，他也承认付了大约3.9亿美元的顾问费。

菊川和森试图自圆其说，结果让所有人满头雾水。就连和日经新闻的记者谈话时，菊川也无法解释，他并购的公司为何几乎毫无商业上的成功可言。而据我所知，日经新闻报社已经是最温和的质疑者了。菊川坦言：“我们并购的公司无法获利，那是我的责任，但这是开拓新领域必须付出的代价。”

又一天努力过后，菊川的发言让已经失控的局势更为糟糕。11月18日，东京股市的交易日结束时，奥林巴斯股价再跌8.9%。自10月14日我被解聘，股价已经滑落43%，接下来只会继续跌。

10月18日晚，我在伦敦写信给日本东京证券交易监察委员会的会长，提交我在媒体上公布过的数据。我用的是航空快递，很快就会送到对方手里，我知道那封信不可能被忽视。

10 月 19 日，奥林巴斯开始吐露真相。在东京证交所的施压下，公司被迫发表声明，证实在并购 Gyrus 公司的交易中的确以顾问费的名义付给某公司 6.87 亿美元。就在两天前，森与菊川还发表公开声明，说我列出的那个金额并不真实。我的回应很简单，我把森几周前寄给我的电子邮件透露给媒体，里面详细记载着付款金额与明细。

奥林巴斯无法继续抵赖，赤裸裸的事实摆在眼前。公司没有解释为何支付如此巨额的费用，也没有解释为何前一天菊川宣称只付了 3.9 亿美元。他们先前声明伍德福德是因为“难以适应日本企业文化”而被解雇，现在奥林巴斯信誉瓦解，究竟谁在说真话，再清楚不过。

海外股东的怒吼

在奥林巴斯的董事忙着应付媒体的追问时，我在伦敦也没有闲着。我的手机每天响个不停，所有联络我的媒体，我全部接受访问。我的老同事不想和我说话，但记者们却抢着采访我。接下来几个月，我和一些记者成了熟人，他们帮我发表了几百篇吸引眼球的专栏报道。虽然我在过去也曾经断断续续接触过一些记者，但这是我第一次受到全球性纸媒与电视新闻的疯狂追逐。的确，他们想从我身上得到些什么，但他们的敬业精神与幽默感让我一直保持着高昂的情绪，助我度过这段艰难的日子。我还会选择合适的记者接受独家采访，无论早上、中午，还是晚上，只要他们想采访，都找得到我。

那个星期四，英国《每日电讯报》的罗素到我和南希的公寓采访我们，他很讶异 “伍德福德团队” 竟然只有我和南希两个人。他说：“我看到那些铺天盖地的报导，以为你有一个大约 15 人的团队协助处理公关事宜。”南希指着我回答：“不，只有在下和这位。”自从我们回到伦敦，南希第一次展现出幽默的一面。罗素的报道对我们来说是好消息，他说我们正在顺利把信息传递给外界，而且人们愿意相信我。听到他那样说，南希的心情也好转了很多。

那只是我回到伦敦的第 4 天，我已经成功将信息传递出去，奥林巴斯的海外股东已经开始行动。公司第二大股东，芝加哥的哈里斯协会（Harris Associates）寄了一封信给奥林巴斯董事会及东京证交所，要求对 2008 年并购案进行独立调查。寄信人是哈理斯的首席投资官戴维·希罗（David Herro）。在接下来的几个月，我与希罗慢慢相识，并开始敬佩这个人。东京证交所发言人高桥直也表示："我们会全力敦促奥林巴斯董事会披露影响投资人判断的信息，但我们不能确保是否会对奥林巴斯采取行动。"

10 月 20 日，我离开奥林巴斯后的第 5 个交易日结束时，奥林巴斯的市值已经蒸发了整整 40 亿美元。希罗表示："相关利益者的权益严重受损，必须有人对此负责。我强调的相关利益者指的不仅是股东，还包括应该得到答案的奥林巴斯员工、供货商以及客户。"容我再加上一个人：公司前总裁。

和我共进晚餐后，肖尔斯并没有闲着。东南资产管理公司写信给菊川刚，并且正式知会董事会、安永会计师事务所、日本证券交易监察委员与金融厅，以及 SFO。这封信在寄出数周后被公之于众，信中提出的质疑有如法庭诉讼：

敬启者：

美国东南资产管理公司自 2004 年起即为奥林巴斯股东，目前握有该公司 5% 的股份。我们是长期投资者，专注于拥有优秀员工与良好公司运行环境的优质企业。我们非常关心前任 CEO 迈克尔·伍德福德过去一周提出的详细指控。这些问题并没有得到解释，奥林巴斯过去享有良好声誉，旗下拥有高品质的医疗经销部门，在迈克尔·伍德福德先生遭到解聘的消息发布前，相关事业的价值远超过周四 2 482 日元的股价。

鉴于公司以及所有股东有义务让公司的管理继承传统的品质与历史，为此我们要求得到下列问题的答案。我们要求由有较高信誉、独立于奥林巴斯与 Gyrus 公司的第三方会计师事务所进行详细核查，我们要求由第三方成立特别委员会监督此过程并报告结果。

1. 有关 Gyrus 公司并购问题：

所谓的“财务顾问”是否为 Axes 公司？ Axes 和 AXAM 投资公司是否存在联系？是否有任何与奥林巴斯相关的当事人以任何方式与 Axes 和 AXAM 相牵连？谁是当事人？奥林巴斯与 Axes 及 AXAM 的交涉人是谁？

财务顾问提供的服务是什么？一笔 22 亿美元的交易，为何付出价值高达 1.77 亿美元的认股期权，也就是交易价格的 11.4%？为何支付给财务顾问的费用在 2010 年 3 月 31 日增加至 6.87 亿美元？计算这两笔金额的公式是什么？为什么公式发生改变？是否曾就决定相关付款的公式合理性寻求专业建议？如果有，请提供细节。

奥林巴斯董事会如何解释一笔 22 亿美元的并购，一共付出 6.87 亿美元的费用，占并购金额 31.2%？为何奥林巴斯于 2010 年 5 月 28 日之投资人关系电子邮件上，告知东南资产管理公司，2009 年年报上的特别股支出为“Gyrus 并购案融资之一”，然而实际上却为财务顾问费？

2. 有关 Altis、Humalabo 和 News Chef 并购问题：

奥林巴斯各是从何人手中买下这 3 家公司？是否有任何奥林巴斯相关人士与 Altis、Humalabo 和 News Chef 所有者以任何方式有任何关联？

Altis、Humalabo 和 News Chef 的公司价值估算使用的是贴现法（银行向企业发放贷款时，先从本金中扣除利息部分，而到期时借款企业要偿还贷款全部本金的一种计息方法。——译者注），相关审计由哪一家第三方会计师事务所负责？此会计师事务所是否提供对几家公司的分析，或者仅利用奥林巴斯的假设来判断价值？

董事会是否认同 Altis、Humalabo 和 News Chef 三家公司的价值才决定并购？

交易完成后，仅 9 个月内就发生总金额达 7.1 亿美元的价值减损，应由谁负责？为何这被列为商誉摊销，而非减损费用？为何英文版 2009 年年报并未提及 Altis、Humalabo 和 News Chef 并购案产生的负面影响？

3. 有关迈克尔·伍德福德先生解聘问题：

伍德福德先生为公司代表董事，为何不被允许参与最后的董事会会议？他被解聘后，公司股价暴跌，造成数十亿美元的市场损失，该由谁负责？

此外，东南资产管理公司要求取得复制公司提供的特定董事会会议记录的许可。我们要求取得以下会议记录：与 Gyrus、Altis、Humalabo 和 News Chef 的并购案相关，以及所有因为相关交易而付款给财务顾问的会议讨论。

为避免误会，特此澄清东南资产管理公司不希望取得可能影响奥林巴斯营运与限制东南资产管理公司活动之关键非公开资料，我们希望立即取得相关记录。

以上问题，我们将等待由独立的第三方会计师事务所于 2011 年 11 月 16 日前提供的报告。

信最后的署名是东南资产管理公司董事长兼 CEO 梅森·霍金斯、总法律顾问兼总裁安德鲁·麦卡罗以及肖尔斯。股东常被批评没有积极参与公司管理，这封不同寻常的信表明他们将正式采取行动。他们用最明确和直接的语言要求董事会负责。东南资产管理公司和哈理斯协会的强烈反应与日本机构股东的集体沉默证实了我的观点：**如果日本企业不做出改变，终有一天会灭亡。**

10 月 21 日，我被解雇后的第 7 天早上，奥林巴斯迫于来自各方的巨大压力，发表了一份简短声明，同意第三方会计师事务所调查几年前的并购活动，并将成立由律师和会计师组成的专家小组。

我被解雇后不到一周，奥林巴斯就被迫成立了专家小组，调查并购原委。但海外投资者已经对董事会完全丧失了信心，奥林巴斯第三大海外股东贝里·吉福特资产管理公司（Baillie Gifford）也要求奥林巴斯董事会给出合理解释，并要求可信且透明的调查程序。该公司是英国龙头投资管理公司，总部位于爱丁堡，控制着价值超过 660 亿英镑的基金，声明中使用的是日本公司全然陌生的坦率语言：

> 本公司非常关注最近奥林巴斯的人事变动以及对奥林巴斯在财务上有不当操作的指控，我们希望奥林巴斯立即公开将着手调查奥林巴斯并购活动以及咨询费用事宜的第三方身份，并确保披露完整且透明的调查结果。

谁是神秘线人？

回想起来，奥林巴斯董事会最大的错误在于，他们认为可以用类似影视剧的方式处理丑闻，深深地鞠一躬，说一声抱歉，问题就解决了。但是这一次，全世界的媒体、投资者和海外执法机构都要求获悉真相。只能用事实说话，不可能敷衍了事，而我将持续吸引全世界对这桩丑闻的关注。

大家越来越关注奥林巴斯的丑闻，以及此案揭露的日本资本市场的奇怪运作方式。同一天，被围困的董事会遭遇更多麻烦。高盛加入野村和摩根大通的阵营，暂停提供奥林巴斯的投资评价与分析，宣布奥林巴斯过往并购案的相关会计事务已经变得“不清楚”。这句话表明他们不了解细节，也无法再为奥林巴斯账目的完整性提供任何意见，没有人喜欢被蒙在鼓里。

10 月 22 日，我回到了绍森德。那天下午，为了醒脑，我沿着海岸线跑了很久，回家后才发现自己收到了一封令我大吃一惊的邮件。我一

直想知道 *Facta* 的线人是谁，也曾无数次猜测过自己是否认识他。如今，这个人突然主动联系我。这封信也跟大多数日本信件一样，以致歉开头，虽然我觉得完全没有必要：

> 我是奥林巴斯的员工。很抱歉，我们没有见过面。对于您处理公司内幕的方式，我要致以最崇高的敬意。把原本只应该在公司内部传递的信息透露给杂志社记者，我觉得自己做得很糟。不幸的是，奥林巴斯没有内部消息网，没有地方讨论这类信息。等您恢复 CEO 的职务后，我希望有机会当面为这个轻率举动向您道歉。
>
> 我怕黑帮分子会对我不利，只好以匿名的方式检举，但请相信我在精神上支持您，感谢您为我们公司做的一切。
>
> 补充一点：伍德福德先生，请通过媒体向奥林巴斯全体员工传达以下信息：请想办法保留所有数据，销毁证据也是犯罪。让我们共同解决这个问题，做正确的事。将此信息传达给公司员工有助于保护和恢复奥林巴斯的企业价值。

这封信不仅鼓舞了我，也让我感到自惭形秽。他是奥林巴斯真正的英雄，他没有英国护照，没有出逃机会，只能默默战斗。我回信赞扬他的勇气，告诉他希望有机会能相见。

10 月 23 日清晨，电脑上各种我不熟悉的软件搞得我头昏脑涨，微软的邮件系统也让我抓狂。我这个独行侠就像搁浅在沙滩上的鱼，对现状束手无策。过去，我在 KeyMed 有两个非常称职的私人助理，在东京也有一个，这三个人非常了解我的心思，有些人只有失去之后才知道自己有多依赖他们。

由于是周日，我只好等到晚一点大家都起床，才给在绍森德的好友汤普森打电话求助，他半个小时后就和生意伙伴伊恩一起来了。伊恩读了当天的《泰晤士报》，报上有一篇名为《绍森德武士》的文章，文章标题下面有一幅漫画，漫画里是我穿着柔道服的卡通形象，正用脚飞踢奥林巴斯的商标。我当时正狼狈不堪，这篇文章救了我一命。

我打赌伊恩的智商是一般人的两倍，虽然他没向我提过，但我知道他曾先后担任瑞银（UBS）和巴克莱（Barclays）等投资银行的科技主管，并最终成为了伦敦证券交易所（London Stock Exchange）的技术负责人。44 岁时，他觉得人生不能只有金融，所以选择了退休并开始养蜂。他住在绍森德海边，对我说黏稠的蜂蜜中能品尝出的海的味道。他经常挖苦我是技术盲，决定为我开设一堂扫盲课。

伊恩帮我把电脑、打印机、软件包和谷歌快讯连接在一起，让我可以随时掌握与自己有关的新闻。我们还购买了一个语音识别软件，我戴着耳机坐在椅子上，大声念出邮件。他警告我以前的电子邮件不安全，该换一个不那么容易受到黑客攻击的系统。

一天，我们在他家的厨房里喝茶，他告诉我："我以前在职场上也见过你这类人，但没有谁像你这样下场如此悲惨。你身处骗局之中，但你有点不同，就我所知，你完全清白。"我认为这是在恭维我。而他认为奥林巴斯的问题在于"风险和杠杆"两者的可怕组合，显然存在大量无法抹平的损失。**公司管理层想办法甩掉这笔坏账，但采用了不太明智的方式**。伊恩像往常一样，把一个复杂的问题压缩成了短短几句话。

很快就有不少人听说《泰晤士报》有一篇《绍森德武士》的报道，镇上许多商店的报纸都销售一空。我在毫无预警的情况下突然遭到解雇，现在才深刻体会到，情绪震荡可能对人际关系造成巨大的影响，这让我更加珍惜身边的朋友。

并购元凶"金蝉脱壳"

10 月 24 日，《纽约时报》驻东京记者田渊裕子写的一篇调查报告让我们了解到更多真相，这篇报道将重点放在三家皮包公司上，并调查了横尾宣政和横尾昭信两兄弟的身份。《纽约时报》调查后发现，横尾宣政早在1998年就与奥林巴斯有所牵连。当时他受雇于日本投资银行野村证券，掌管重要的新宿分行，奥林巴斯正是他的客户。横尾宣政还曾就职于华尔街投资银行瓦瑟斯坦·佩雷拉公司（Wasserstein Perella)。同年6月，他和几位银行同事因涉嫌黑帮金钱丑闻辞职，除横尾宣政外有多人被捕，他离开时告诉日经商业日报的记者要“自食其力”。根据《纽约时报》报道：

> 横尾宣政成立了一家名为全球公司（Global Company）的管理咨询公司，奥林巴斯再次成为其客户。奥林巴斯于2000年一场董事会会议上，决定投资“GC创投基金”（GC venture capital）300亿日元，由横尾宣政负责管理，希望通过并购的方式投资新兴业务。奥林巴斯方面负责监督该基金的人正是菊川，他当时还不是董事长。
>
> 并购三家皮包公司的交易发生在2006～2008年，9.4亿美元被大肆挥霍在并购三家从未盈利的新公司上，纽约时报的调查人员没有找到全球公司催促奥林巴斯买下这三家公司前的任何实地查核证据。
>
> 如果有人一直关注奥林巴斯，而且观察得更仔细一点，他们就会发现全球公司于2005年已投资1 000万日元到Altis公司，并发现横尾宣政是Humalabo公司的前身LEM Hanbai公司的CEO，也是News Chef的前身News公司的董事，这三家公司的总部曾同时登记在与全球公司同样的地址。而这些花大价钱并购的公司带来的只有损失：2006～2009年，Humalabo亏损7.6亿日元，Altis亏损4.62亿日元，News Chef数据暂缺。
>
> 此外，最新资讯表明，横尾昭信仍然掌管着全球公司，但公司没有提供电话号码，公开的工商名录上也找不到，实地走访过全球公司在东京市中心地址的记者只找到一间空荡荡的办公室，大楼管理员说公司月初时就已经搬走了。

被解雇后的前几周，我对那些调查记者充满了崇拜之情，他们总能领先政府找到线索。就在这篇报道刊登的3天前，努力追踪资金下落的路透社记者挖到了独家新闻，他们设法找到了“资深银行家”佐川一位于佛罗里达波卡雷顿湖边的双层公寓。佐川曾在德雷克塞尔·伯纳姆和瑞银普惠公司任职，后创立了Axes公司。

Axes公司的历史值得深究。2006年开始，奥林巴斯并购Gyrus公司时由Axes公司担任顾问，奥林巴斯同意向Axes支付交易总额最低5%作为顾问费，然而合同里并没有规定上限，条件还包括Axes拥有购买Gyrus公司股票的优先权。普华永道的报告指出财务顾问同时收到现金、认股权的安排让人讶异，顾问通常只拿现金。

威嘉律师事务所曾在2008年的一份文件里告诫奥林巴斯以现金支付较为妥当，但不知名的财务顾问强烈拒绝现金支付，理由是要纳税。威嘉律师事务所只监视了付费方案，没有监视费用本身的合法性。《纽约时报》报道，不知名的顾问显然是Axes公司。

乔治·华盛顿大学法学院副教授杰弗里·曼斯(Jeffrey Manns)表示：“这远远高出正常费用，有点商业判断能力的人都不会同意这笔交易。”大多数国家都禁止公司董事会草率地批准如此庞大的费用。

2008年2月1日，并购Gyrus公司的交易以22亿美元正式完成。仅几周后，3月5日，Axes公司通知美国监管机构要停业，就这样，一家成立11年的公司消失。

Axes把自己的Gyrus公司的股份交给一家名称有几分相似，在开曼群岛新成立的名叫AXAM的投资公司管理，普华永道发现佐川曾以董事身份签署文件。

AXAM在成立之初没有引起太多注意，直到2010年初，公司开始以6.2亿美元的价格向奥林巴斯出售所有Gyrus的股票。这是总支付额6.87亿美元中最大的一笔款项，名义是支付给Axes的顾问费用。2010年3月，奥林巴斯支付完成后，佐川迅速逐一关闭旗下各企业。2010年6月，AXAM因拖欠执照费，被开曼群岛除名。

路透社记者现在找不到佐川，但找到了他的妻子，这位女士极喜欢争辩，不接受任何针对她丈夫的指控。“我先生曾在华尔街任职多年，深受敬仰。”这句话通常是她的开场白。被问及她先生与丑闻的关系时，她回答：“我向你保证，他完全清白。”

她虽然不愿透露丈夫的行踪，但非常乐意地把佐川的手机号告诉路透社的记者，原来二人的婚姻出现了问题。路透社紧追不放，3 个月后，终于在佛罗里达的法庭上找到了佐川，当时他正在与妻子办理离婚手续。佐川和他太太于当年 10 月以“存在不可调和的分歧”为由向法院提出离婚诉讼。

然而，这对夫妇的共同财产只有 1 100 万美元，佐川上报的月收入是 2 500 美元，其中有 1 800 美元来自社保，700 美元来自存款利息和股息。根据他们的离婚协议，妻子艾伦得到近 990 万美元的资产，包括一栋在波卡雷顿价值 250 万美元的住宅和 670 万美元存款。

佐川只有不到 150 万美元的资产，包括投入数个退休计划的 130 万美元，10 万美元存款以及股票账户上的 10 万美元。没有那 6.87 亿美元的蛛丝马迹，也没有提到那笔钱的去向。面对路透社记者的追问，他的回答是无可奉告。

我在英国追踪事件的进展，力劝负责追查此事的记者和执法人员不要放弃。虽然我既不是侦探也不是调查记者，但我会继续战斗。必须有人抱着“我不入地狱谁入地狱”的心态，深入追查这笔钱的流向。周一晚些时候，我得知菊川对一名日本的奥林巴斯员工谩骂了一通，彭博新闻已将他的话译成英文：

员工须知：迈克尔·伍德福德的行为

迈克尔·伍德福德的异常行为尚未停止。尽管他已被解除 CEO 职务，但他仍在利用董事身份泄漏公司机密，这种行为是在毁坏奥林巴斯的商誉，不可原谅，我们考虑向法院提起诉讼。

员工深受此次事件的影响，我痛心疾首，在此我发自内心地感谢他们仍坚守在自己的岗位上。

菊川继续指责我在公司里搞帮派主义，以结党营私的方式管理公司，漠视行政系统和组织层级，并斥责我使用私人飞机。不过他也承认，他的字典里没有“授权”这个词。

菊川完全没有解释过自己的行为，也没有提到支付的顾问费，而路透社刚披露那是全球商业史上最大的一笔咨询费，是 2007 年苏格兰皇家银行为了并购荷兰银行所支付的 2.17 亿美元顾问费的 3 倍。菊川的话让我觉得自己像置身仙境的爱丽丝，而他是不断变换情绪的疯帽子。

第8章

十年社长走下神坛

2011.10.23～11.11

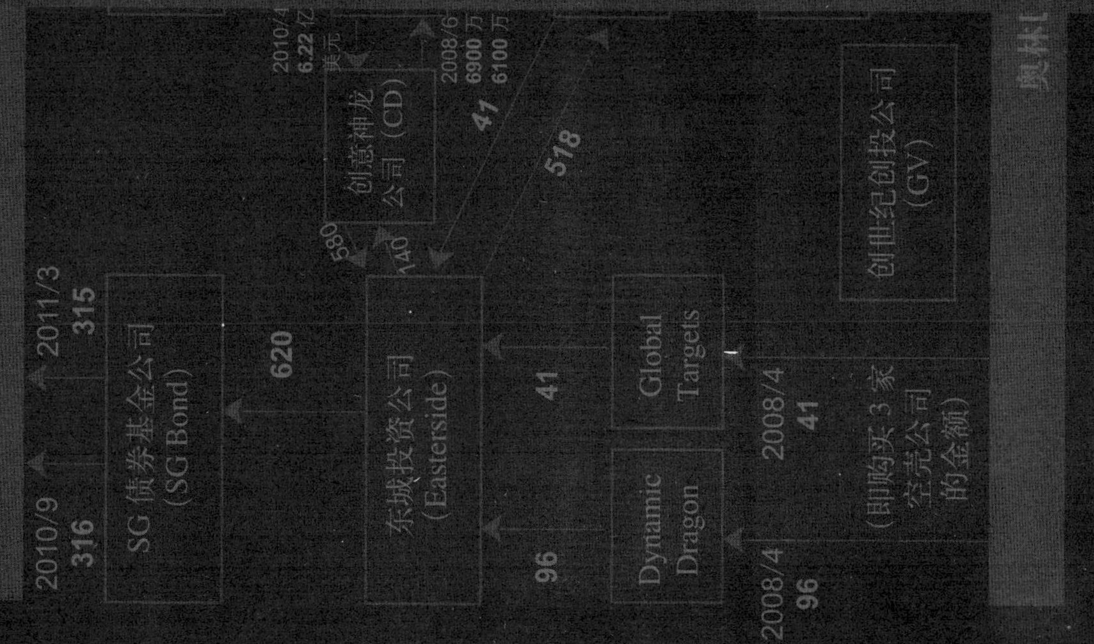

奥林巴斯的公告一如往常精简，习惯性地表达歉意却没提供多少解释：董事长兼总裁菊川刚于今日归还其所任职权。

奥林巴斯的地基开始出现裂缝，看着太阳从东方慢慢升起，我第一次感觉到我们会赢。

10月 23 日，《纽约时报》称美国联邦调查局（FBI）开始调查奥林巴斯事件。由于了解日本人的处事方式，我一直担心日本当局缺乏惩处奥林巴斯的勇气和动机，现在美国和英国的司法机构介入，日本将承受极大压力，不得不采取行动。事态已经升级到日本企业在世界范围内的形象问题。

10 月 25 日是非常忙碌的一天，我要接受包括美国有线电视新闻网（CNN）在内的一连串媒体采访。当晚我还要飞往纽约，接受 FBI 调查。《纽约时报》周日特别报道由常居纽约的通讯记者本·普洛泰斯执笔，报道中提及了负责此案的 FBI 探员姓名及联络方式。10 月 24 日清晨，我拨通了报道中提到的号码，接听的却是答录机，我只好留言。当天稍晚时候，那位探员回电，我们约定两天后在纽约见面。

25 日下午，我接受了 CNN 的采访，虽然是全球直播，但进行得很顺利。主持人查尔斯·哈德森问到一个非常尖锐的问题，我当时回答他："得了吧，查尔斯，奥林巴斯给开曼群岛的不知名人士支付了 6.87 亿美元，能有什么原因？"这段话被剪成片头，简短说明了奥林巴斯内部的异常举动。

当天下午，我最后接受的是彭博新闻的采访，有消息称 FBI 介入调查让事件重新受到关注。日本商界也曝出过其他丑闻，众人都怀疑之前的事件没有得到彻查，这次似乎有机会查个水落石出。

采访结束后，彭博新闻安排了一辆轿车直接把我从摄影棚送往希思罗机场，我们先到公寓接南希，在前往机场的路上，我感到十分不安。当天早上，我得知自己必须更换律师事务所，承接了我的案件 8 天后，路易丝·希尔金律师事务所打来电话，首先向我致歉，然后告诉我他们不能继续替我辩护。因为他们加入了劳工、就业、福利和养老金律师事务所国际联盟，联盟中有伙伴已在德国接受了奥林巴斯的委托。

对我来说抱歉远远不够，他们接下我的案子一周后才发现存在利益冲突，可最后还是寄来了收费账单，就是这种行径败坏了律师这个职业的名声。

奥林巴斯与其他大型跨国企业一样，与全球各地的律师事务所都有合作，即使你敢于挑战这些商业巨头，也很难找到愿意为你辩护的律师事务所。**我越来越担心在伦敦找不到一家愿意承接这件案子的大型事务所，遇到这样的事，没有律师在身边，很容易被无助感和焦虑感吞噬，就像面对枪林弹雨，而你却没穿防弹衣。**

我与路易丝·希尔金律师事务所的合伙人乔纳森·科德在上周见过一面，他说西盟斯律师事务所（Simmons & Simmons）的马克·休兰德擅长处理雇佣纠纷官司。我在赶往希思罗机场的路上致电休兰德，将首次碰面时间定在当天傍晚。

到了约定时间，我们的汽车仍行驶在高速公路上，这时我的手机响了起来。休兰德是一个很守时的人，与他聊了没多久，我就喜欢上了他。他很相信我，并给予了极大的支持。

得知他的事务所可以承接我的案子时，我长舒了一口气。《英国律师事务所工商名录》 曾赞扬休兰德“注重实效，为人庄重”。加之他处理此类雇佣纠纷经验丰富，我认为由他担任我的律师再合适不过。

我和南希从希思罗机场搭乘英国航空公司最后一趟航班离开伦敦，由于我已经失业，对家庭的经济状况比较担忧。虽然现在还不算拮据，但我们不可能长期依靠南希做兼职西班牙语老师的微薄薪水度日。我们的大部分资产都投进了养老金和长期投资项目，因此手中没有多少现金。

存款迅速减少，在三个大洲同时聘请律师的费用十分惊人，我已经开始担心这场战争会持续多久。

尽管我也有些知名度，但我是单枪匹马一个人，对手则是拥有无穷资源、视我为眼中钉、资产高达数十亿美元的跨国公司，所以我必须控制开销。过去我一直像乔治·克鲁尼在电影《在云端》(*Up in the Air*)里的角色那样生活，我的飞行里程点数足以让我们以非常优惠的价格买到商务舱机票。

波音 747 离开跑道，飞往与 FBI 的会面地点，这很像约翰·格里森姆小说里的场景。我拿起刀叉摆弄着盘子里的鲑鱼，思绪已飘到别处。飞机飞过苏格兰海岸，奔向大洋彼岸。这段时间我不停在世界各地辗转，让人欣慰的是，这次南希在我身边。

一个月前我到纽约参加美国分公司的董事会，当时迎接我的是总裁专用的豪华轿车。这一次，我和南希从肯尼迪机场前往曼哈顿，坐的却是一辆破旧的黄色计程车，司机完全符合纽约司机的传统形象，让人不敢恭维。**生活中的变故让人学会了谦卑**。汽车经过华尔街时，我想起了电影《华尔街》的男主角戈登·盖柯，他贪婪成性，操纵股市，最终却败在一位良知尚存的业务员手中。如今我深陷另外一个有关权力、恶行和欺骗的故事，向自以为不可能被战胜的人宣战。

新总裁，老借口

那天的晚餐是酒店赠送的坚果和椒盐脆饼，吃完饭后我便迷迷糊糊睡着了，午夜时分被手机铃声惊醒。南希起身查看手机后大叫："菊川辞职了！"我瞬间睁大双眼，直直地坐了起来。我走到窗边，外面一片寂静，空荡荡的街道上，街灯散发着熟悉的橙色微光。想到日本记者此时在加班加点地工作，我便让客房服务生送来橙汁和咖啡，南希穿着睡袍也开始忙碌。南希现在头脑清醒，完全能应付越来越多的媒体采访邀请，我则为下午到美国联邦调查局的行程做准备，我们合作无间。

奥林巴斯的公告十分精简，习惯性地表达歉意，却没提供多少解释：

> 由于一系列媒体报道与股价下跌，造成客户、商业伙伴和股东的困扰，董事长兼总裁菊川刚于今日归还其所任职权。

太阳自东河（East River）升起，我第一次感觉到我们会赢。试图摧毁我的菊川在一步步败退，他将为自己的所作所为付出代价。奥林巴斯的地基开始出现裂缝，尽管受到各种指控，但菊川还是公司的董事。我后来才得知，菊川虽然已经辞职，却仍每天到公司上班。他仍有权访问内部邮件系统，而我早在被解聘时就交出了所有权力。

接替菊川刚总裁职务的是高山修一（Shuichi Takayama）。我对此人比较了解，一直觉得他比其他董事会成员亲切。他曾是影像事业部总裁，在公司里中规中矩地工作了数十年，突然被推到最高职位，他一定有些不知所措。一位东京的记者在邮件里问我："他是否只是菊川的傀儡？"当时我不知道高山会实施什么举措，但他在接下来的几个小时沿用了前任的回避策略。我并不感到意外，但还是有些失望，因为他原本有机会把奥林巴斯拉回正轨。

在东京召开的新闻发布会上，面对上百位记者，高山沉稳地为并购3家皮包公司以及支付给不知名人士6.87亿美元辩护，声称股价一落千丈都是我的错："如果不是伍德福德泄露了这个秘密，奥林巴斯的股价就不会下跌。我们的策略是寻找新增长点来降低对内视镜业务的过度依赖，而此三桩并购是策略的一部分。"

没有人相信这套说辞。就连相当被动的普通股民和日本媒体也开始对这种猜谜游戏嗤之以鼻。日本兴亚资产管理公司（Sompo Japan Nipponkoa Asset Management）高级投资经理菅原重雄（Shigeo Sugawara）说："这不足以解释并购公司的基本价值是否合理，也难以赢回投资者的信任。今天的解释毫无意义，因为它只是公司内部声明，我们需要的是第三方调查结果。"

经过长达 100 分钟的质询，记者们仍不肯罢休，要求延长访问时间，高山表示拒绝。一位日本记者喊道。“我们还有很多问题，你还没澄清投资者的所有疑虑。”新闻发布会结束后，奥林巴斯的股票再次下跌 7.6%，颓势难以挽回。路透社指出，这是自 2006 年“活力门丑闻”以来日本的又一大丑闻。投资网络公司（Investor Networks）的常务董事达雷尔·惠顿说：“调查就像剥洋葱，真相裹在最里面。”

身为总裁的高山继续逃避问题，让调查过程变得更困难。菊川仍然是公司董事，我意识到日本商界与世界其他地区的商界截然不同。然而，徘徊的鲨鱼已经闻到了水里的血腥味。

纽约的天终于大亮，菊川辞职的消息令我精神为之一振，那天早上大部分时间我都在接受媒体采访。“必须解散董事会，他们已经被污染了。”我告诉彭博新闻的记者，并补充说我不会辞去董事一职。“有股东联系我，他们大都建议我不要辞职。如果大多数股东投票支持我，我还有机会重新担任总裁一职。”

那天我经历的挫败感足以把人逼疯。我本打算再见一次普洛泰斯，却收到所欠话费已经达到信贷上限。我打电话给客服，恳请对方让我用信用卡支付，客服人员却说没办法帮到我。

菊川辞职的消息一经传出，各电视台的记者蜂拥而至。我在前往 FBI 大楼的面包车上接受了日本电视台的采访，摄影师拍下了我抵达 FBI 大楼的画面。我想：这些画面几小时后在日本的早餐新闻里播出时，菊川和他的盟友就会意识到游戏该结束了。

FBI 介入调查

我和 FBI 探员约定的地点是联邦广场 26 号，14：00，面包车停在一栋气势宏伟的建筑前，我跳下车，两个穿着笔挺的深色西装、不苟言笑的探员迎了上来，看起来像艾略特·奈斯（Eliot Ness，绰号“不可触摸的人”，是一位铁面无私的美国财政部探员。——译者注）和他的分身，他们告诉我两位联邦检察官正在法院等我们。我以为询问最多持续 1 小时，结果等待我的却是长达 3 个小时的仔细盘问。他们非常礼貌，但提出的问题很尖锐。他们对细节的掌握程度甚至超过了我，离开时，我颇感振奋。

离开 FBI 总部，我开始联络普洛泰斯，我们曾约好在 FBI 的问讯结束后见面，现在过了 3 个小时，我觉得他一定已经离开。手机停机，我只得走到街对面的药店借用电话。"您好。"我问一位看上去很友好的药店助理，"能否让我借用一下电话？我要联系一位非常重要的人。"他并没有拒绝我的要求，让我这个刚刚接受了 FBI 盘问的英国佬备感欣慰。

普洛泰斯一直耐心地等在街角，我们见面后拦了一辆计程车，先回酒店接南希，她一直在酒店应付接踵而来的媒体采访邀请。几个小时没有我的音讯，见我平安回来她非常高兴。

纽约突然下起了大雨，为避免误机，计程车加速驶向肯尼迪机场。我和普洛泰斯坐在后座，他等了这么久，终于可以采访我，我们在皇后区颠簸的路上完成了访谈。7 个小时后，我和南希抵达伦敦城市机场，下飞机后就马不停蹄地赶往西盟斯律师事务所，这是我第一次与休兰德以及他的律师团队会面。

休兰德长得酷似演员科林·费尔斯，但举止稳重，给人一种威严感。接下来的几个月，我们起早贪黑地起草文件，我常跟他开玩笑："如果我的故事被拍成电影，我会尽量提供丰厚片酬给费尔斯，让他出演你的角色，所以你给我开账单的时候千万要手下留情。"

日本 TMI 律师事务所在东京的律师也参与了一场我们的电话会议，该事务所是西盟斯律师事务所在日本的合作伙伴。令人不安的是，会议结束后的第二天，TMI 也声称存在利益冲突，休兰德立即开始寻找能够在日本为我辩护的律师。日本第二大律师事务所长岛·大野·常松法律事务所（Nagashima Ohno & Tsunematsu）拥有良好的口碑，正如我找到休兰德的事务所一样，找到长岛·大野·常松法律事务所的荒川先生（Arai）和盐崎先生（Shiozakisan）也非常幸运。

这件事再次提醒我，日本有很多正直的人。虽然他们处于体制内，但仍愿意尽最大努力保护我的权益，同时也希望日本能够改变。

交叉持股引起“创造性毁灭”

对我和南希来说，现在的周末和工作日没有太大区别，我们仍在不断约见世界各地的新闻记者。周六晚上，邻居凯伦和迈克·内文邀请我们共进晚餐，他们告诉我随时愿意提供帮助。内文是一名注册会计师，在一家融资公司担任高级主管，接下来的几周，他提供了许多宝贵的建议。

10 月 31 日，星期一。日本政府高层嗅到了事件引发的政治麻烦，首相野田佳彦接受《金融时报》独家专访，表达了对奥林巴斯的忧虑：“我担心大家因为此次事件以偏概全，进而以为日本就是一个不遵循资本主义规则的国家。各位，日本并不是那样。”

日本首相很少就个案发表评论，野田这番言论表明这桩丑闻的危害程度足以伤及整个日本的资本市场。他的目的是安抚国际投资界，告诉他们日本市场的运作方式跟与其他国家并无二致。

不幸的是，他错了。我没有任何不敬的意思，在日本，企业与供应商和银行之间常常交叉持股。支持该体系的人认为交叉持股能确保稳定性和连续性，完全看不到恶意并购以及紧随其后的“创造性毁灭”。许多日本公司的董事会成员不是平庸，就是十分平庸，却能在职位上坐到退休，这种文化只会削弱日本企业进而削弱整个国家，欧美企业的董事绝不会像奥林巴斯董事会成员那样紧抓着权力不放。

我被解雇不到两天，森和菊川就故意误报了顾问费，他们也应在几个小时内被解雇。其他国家在媒体的监督下，不会出现这类行为。

迷雾笼罩的范围越来越大，11 月 3 日，华尔街日报的记者追踪各方线索，发现诺贝尔经济学奖得主罗伯特·蒙代尔（Robert Mundell）与奥林巴斯存在关联。他曾在 2007 年担任奥林巴斯董事，当时公司批准了聘用 Axes 公司作为并购顾问的合约。在那之后，Axes 的子公司 AXAM

因为参与Gyrus公司的并购，收到了6.87亿美元的顾问费。记者发现蒙代尔担任奥林巴斯董事之前，曾在Axes日本分公司的赞助下开设过一系列课程，而Axes日本子公司的创办人正是佐川一。

记者无法与佐川取得联系，Axes公司的网站上只有一条消息：Axes日本分公司自2010年11月30日起停止营业。报道中还提到：目前蒙代尔正在休假，对我们的提问没有做出任何回应。

79岁的蒙代尔是个有趣的人，他曾为了抵消通货膨胀的影响，购买了一座建于16世纪的意大利城堡。他是奥林巴斯有史以来首个外籍董事，而且在成为董事前就已声名远播。这篇报道接着引述一家公司CEO的话，他曾问蒙代尔对奥林巴斯如今的境遇有何看法，蒙代尔说他很庆幸在这样的动荡时期自己已不是董事会成员。

11月4日，奥林巴斯表示将推迟发布财务报告，原因是上个月委派专家组成的“第三方委员会”尚未提交相关报告，这一消息引发了投资界的更大不满。日本董事培训学会（Board Director Training Institute of Japan）负责人尼古拉斯·贝奈斯（Nicholas Benes）告诉彭博新闻的记者：“除了菊川，所有人的说法都一样，他却不做任何解释。”

奥林巴斯宣布11月8日将在东京召开董事会会议，但身处6 000英里外的我在11月7日才得到通知，根本赶不过去。很显然，他们不希望我在场，开会是为了让“凶手”招供。

奥林巴斯的致歉信

那天，他们正式承认，公司支付的全世界有史以来最高比例的6.87亿美元顾问费，以及为并购3家皮包公司支付的9.4亿美元，都是为了隐瞒投资亏损。奥林巴斯发表的声明如下：

> 据查，公司一直延迟公布20世纪90年代以来的投资亏损，并购Gyrus支付的顾问费以及回购优先股的资金，加之并购3

家本土企业 Altis、Humalabo、News Chef 的资金，皆为公司借由多重基金解决部分投资损失的手段，董事会再次就公司给相关人士造成的不便致歉。

消息发布时，伦敦还是清晨。一位日本记者做出了正确的决定，他打电话把我叫醒，让我知道了这个重大进展。我几乎不敢相信他说的话，直到看了公司发布的新闻稿，我才确信自己终于清白了。

奥林巴斯最初矢口否认，但数周后终于坦诚了过错，股价再次下跌 30%，创 16 年新低，奥林巴斯海外最大股东美国东南资产管理公司的肖尔斯要求更换所有董事会成员。

他对路透社记者说："坐视不管不是一个好的辩解理由，如果你（高山修一）身在其中而没有意识到这些问题，那就是不称职；如果早已了解内情，却未提出异议，那便是玩忽职守。无论哪种情况，这个人都必须离开。"

参加东京新闻发布会的有 200 多名记者，面对众多媒体，高山表示："今天公司向媒体披露的信息，我之前完全不知情。"他接任总裁职位已有一个月，尽管相关交易显然不合常理，他还是坚定地为那些交易辩护。这时他却说，他之所以那样解释，是因为他收到的报告有误。

从 11 月 8 日开始，我连续数天都在接受采访。现在我被视为英雄，菊川则成了众人眼中的恶棍。11 月 9 日早晨，奥林巴斯股价连续第二天跌停。彭博新闻的记者称，东南资产管理公司的肖尔斯现在要求投资者关系主管南部明宏引咎辞职。肖尔斯表示，作为 Gyrus 公司的董事，川又虚报顾问费用，挪用超过 6 亿美元资金。南部明宏辞职后，其余董事也应该下台。

"即便不知道资金的具体用途和流向，他们至少也应该知道资金在流出，却没有提出质疑。"肖尔斯说，"肯定还有其他人参与，我们甚至不知道第三方收款人是谁。"彭博新闻的报道提醒读者：2008 年 2 月，以 22 亿美元并购英国 Gyrus 医疗器材公司后，菊川刚、森久志和川又洋伸在同年 6 月一起成为了该公司的董事。东南资产管理公司也做出了正面回应，他们发表了一篇相当坦率的新闻稿：

菊川刚和森久志必须辞去董事职务，山田秀雄辞去公司会计师职务，川又洋伸必须辞去其在奥林巴斯和 Gyrus 公司的所有职务。以上人员必须立即与公司脱离关系。

我想起自己不到一个月前被解雇后，夜以继日地努力，希望向世人披露真相。川又洋不遗余力地在各大媒体攻击我，只有在日本，这样的人才有机会继续坐在自己的位子上。此事发生后，川又洋伸再度在媒体上露面。股东特别大会召开前，机构股东服务公司（ISS）指出，继财务丑闻后，还决定提拔有如此背景的川又洋伸先生，奥林巴斯似乎展现出一种一切如常的态度，让人感觉他们并非真心要洗心革面。11 月 11 日深夜我才回到绍森德，准备享受一个真正的周末。

11 月 13 日，早上醒来，我意外地收到一封让人有些不安的邮件，寄信人是《东京罪恶》的作者杰克·阿德尔斯坦。

伍德福德先生：

我相当确定您知道我是谁，但如果您不知道，容我作一个简短的自我介绍。我在日本做了 17 年记者，1993 年起替读卖新闻报社工作，坚持报道有组织犯罪。您揭露了奥林巴斯的问题，我非常钦佩您的勇气与先见之明。我最近在为《大西洋连线》(The Atlantic Wire）做一个长篇报道，主题与日本社会的黑暗面有关，请参阅附件 PDF 文档。

阿德尔斯坦在附件中详细解释了日本黑社会组织，以及他们最近与各大企业的诸多联系。从来没有任何证据证明奥林巴斯丑闻与黑帮有关，但在阅读了 10 月出版的 *Facta* 杂志，现在又看到这份文件后，我变得越来越疑神疑鬼。也许那不是件坏事，在日本那个不透明的世界，一个人应该永远记住“只有偏执狂才能生存”这句话。阿德尔斯坦在邮件最后说了几句安慰的话：

> 我非常钦佩告密者，我父亲也做过同样的事，他的义举虽未得到回报，却很好地保护了自己。
>
> 祝你好运。
>
> 杰克·阿德尔斯坦

这封信给了我信心，也增添了我的担忧。我离职后，南希便帮我处理各项事务，所有电子邮件她都会查阅，她已经因为焦虑憔悴了很多，这封警告似的邮件可能令她崩溃。南希时刻关心每个人的安危，也担心这场冒险对家庭的影响，她问我：“亲爱的，你为什么不能就此罢手？你到底想要什么？”但我意志坚决，我告诉她：“沉默无法解决问题，更改善不了现状。无论你是否支持，我必须让奥林巴斯走上正确的轨道。”我别无选择，只能继续与媒体沟通，协助监管部门和执法机构。

就在那个周日，我们一家四口计划外出吃午餐，但南希在出门前突然变卦说不去了。我刚带着爱德华和伊莎贝尔跨出房门，她在我身后说：“你带孩子们去，不用管我。”说完便“嘭”的一声关上了门。愤怒、疲惫以及肩上的重担令我突然爆发，我想一个人回伦敦，我不能被这种负面情绪拖累。我拼命敲门，大喊着：“把门打开！”门上的一片玻璃板被我敲碎，那是我们吵得最凶的一次。

门打开后，我冲回屋里收拾行李。我说：“够了！我再也无法忍受了。我要回伦敦！”然后拖着行李箱大步朝车站走去。爱德华叫住我，哀求道：“爸爸，别走，求求你了。”我对他说：“爱德华，我做不到。如果我倒下了，我们全都会完蛋。”

几小时后，他在伦敦找到我，我们在泰晤士河畔一家法国小酒馆里又认真讨论了一遍当时的情况。当时我们的角色似乎颠倒过来，由爱德华关心安慰我并提供建议："爸爸，你必须战斗到底。现在退出，对你和公司都非常不利，也无法进一步揭露真相。"

我回到公寓，凝视着窗外流动的河水，拿起电话打给南希，我低声说："嗨，你没事吧？"南希也恢复了平静，我们试着聊些轻松的话题，试图缓和关系。我的脾气不好，但有时我觉得讲不清道理时，为了留给彼此一个喘息的空间，离开是最好的选择。挂掉电话后，我再度沮丧地望向窗外，开始担心这些琐事会毁掉我们的婚姻。

南希承担着和我一样的压力，但我有宣泄的渠道：我对事态拥有较大的控制权，有与人会面，得到鼓励与支持的机会，可南希只能被动接受一切突如其来的变化。我一直是遇到问题就去解决，我会找出方法，克服障碍，最后达成目标。南希情绪崩溃时，我没有多余的精力安抚照顾她，这的确给我们的关系造成了极大压力。

市值缩水 80%

几天后，我感觉到两地分居对我们的生活有些影响。我回到绍森德，带南希与两位朋友去一家印度餐厅吃晚餐。中途进来几位 KeyMed 公司的员工，其中许多是与我共事多年的同事。以前他们会过来和我打招呼、握手、拥抱，我们坐在一起聊天开玩笑，但那次他们没有。

我不怪他们，只是有些伤感。有些人带着同情的神色，快速地冲我笑了笑，可他们的笑容让我更加难受。他们似乎想说点什么，或许是迫于压力，不敢跟我聊天。我想加入他们，但那样做只会让气氛更尴尬。奥林巴斯现在已经公开承认自己的欺诈行为，为什么这些诚实的员工仍不敢表达自己的真实感情？这次巧遇毁了整个夜晚，南希悄悄跟我提议："我们回家吧。"**我终于了解自己再也不是他们中的一员，这家我效力了 30 年的公司，再没有我的容身之处。**

真相一点一点地被披露，投资者们争先恐后地撤资。伊藤忠商社（ITC

Investment Partners）的首席投资官表示：“事态严重，奥林巴斯承认做假账掩盖 20 年来的亏损，参与此事的人都要负责。奥林巴斯有可能被停牌，前途岌岌可危。”

随后，奥林巴斯正式被列入东京证券交易所停牌观察名单。如果公司不在 12 月 14 日前重新提交近 5 年真实的财务报表，就会被暂时取消在股票市场上的交易资格，届时奥林巴斯将成为投机者的猎物。

2011 年 11 月 11 日，被日本人视为不吉利的日子。奥林巴斯的股价已跌至 460 日元，创近 40 年新低。从我被解雇的那天起，奥林巴斯的股价自 2 482 日元暴跌了 81.5%，公司市值蒸发超过 70 亿美元，但 11 日也出现了一线希望。那一天，宫田成立了草根（Grassroots）网站，为奥林巴斯的员工提供了一个畅所欲言的地方。这个网站由和空的儿子道格一手搭建，在后来发挥了巨大作用。过去，员工们的沟通渠道受到严格管控，草根网站建立后，服务器一度因为流量过大而崩溃。

11 月 12 日，宫田在网站上用英语和日语发表了一封不同寻常的信，阐述创办的缘由和目的，他写道：

> 迈克尔·伍德福德对奥林巴斯而言是“不愿面对的真相”，他不会看着我们被抛弃。我也不愿眼睁睁地看着心爱的公司垮掉。朋友们，奥林巴斯这艘优秀的舰船出现了倾斜，有沉没的危险。别以为我们的内视镜业务不可能被打败，没有人愿意向一家涉嫌贪腐的公司购买产品。恢复迈克尔·伍德福德的 CEO 职位，才能赢得民众的信任。

高山和森岛都请求宫田关闭网站，但他坚决拒绝。我的老朋友令我骄傲，宫田与和空是我永远的朋友。

第9章

董事会交锋

2011.11.12～11.25

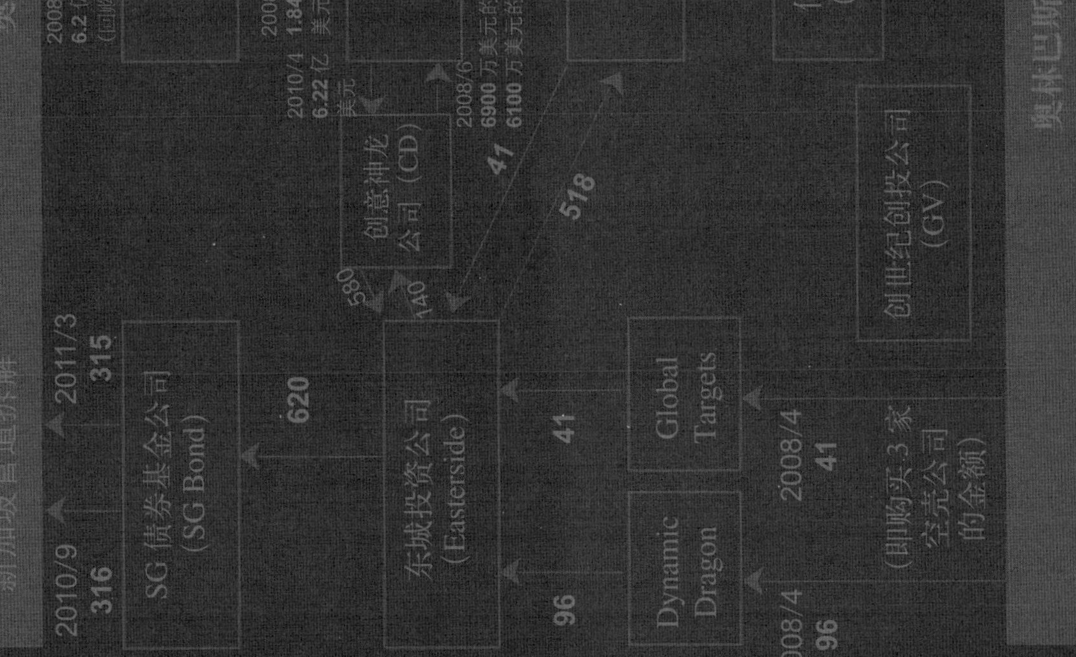

我必须回到东京，身为董事，我有权参加 8 天后的董事会会议。

有记者问我奥林巴斯能否渡过这次难关，我坚定地答道：“我们有卓越的产品和员工，只要除掉董事会里的毒瘤，奥林巴斯一定会再次成为日本的骄傲。”

冬天将至，树叶纷纷落下，白天越来越短，我渐渐感觉到连续几个月睡眠不足对身体的影响，于是开始自我治疗。上床前，我会喝一杯金汤力、半瓶葡萄酒，但仍只能睡三四个小时。醒来后发现自己待在阴暗的房间里，那种感觉就像在沙坑里生活，令人窒息。唯一的安慰是，越多人知道奥林巴斯的丑闻，我和家人受袭击的可能性就越小，任何针对我的报复行动都会适得其反。我的照片已经出现在世界各地报纸头版和电视屏幕上，要掩盖这桩丑闻为时已晚。

对任何企业而言，与黑社会组织有牵连，对营造良好公众形象都没有任何帮助。11 月 17 日的《纽约时报》发表了一篇报道，再次提到日本的黑社会组织。文中提到日本证券交易监察委员会、东京地方检察厅、东京警视厅在最近的一次会议中，传阅了一份包括拟调查人员名单的备忘录。参会的官员表示，他们正试图判断奥林巴斯是否与有组织犯罪集团合作，以掩盖过去数十亿美元的投资损失，并向对方支付数额惊人的“封口费”。

本篇报道的作者是一位勇敢的女记者，她一直在跟踪这则丑闻，希望把这件事查个水落石出。根据她的说法，《纽约时报》已经从某个参与调查的相关人士那里取得备忘录副本。如果一切属实，这将是第一份推测奥林巴斯的损失与有组织犯罪集团有关的文件。

根据这份备忘录显示，奥林巴斯在 2000 ~ 2009 年，其可疑的并购费用、投资和顾问费用共记约 62.5 亿美元，然而却只有 13.6 亿美元被记入财务报表，其他 48.9 亿美元下落不明。报道披露的内容越来越引人注目。备忘录注明：

> 调查人员相信一半以上的金额流向有组织犯罪集团，包括日本山口组。此消息一经证实，依据东京证券交易所的规定，奥林巴斯必须停牌。

《纽约时报》是世界上最具权威性的报纸之一，刊登的消息都经过仔细查证，但那份备忘录的真实性尚未得到证实。我人在伦敦，只能通过报纸了解事件的最新进展，不知道该相信什么，也不知道能做什么。我知道自己得回东京，身为董事，我有权出席 11 月 25 日召开的董事会会议，于是我预订了机票。

出发当天的早上，我收到东京的一位同事寄来的邮件，提醒我巨石大厦正在流传一些谣言：早在 9 月授权普华永道介入调查后，我就卖掉了手中的股份。如果我知道披露真相会导致公司股价大幅下跌，那么抛售自己的股份的行为就属于内幕交易。这项指控实在荒谬，我立刻回邮件给那位同事：

> 如果传言是真的，他们早就拿出证据来了。我手上的股份不多，但我从未想过抛售。我不需要隐瞒什么，今晚我就回东京，准备出席周五的董事会会议，很期待与你们再次见面。

会不会有人以我的名义偷偷卖掉了我的股份？我的股票经纪人在野村证券，而野村证券同时也是奥林巴斯的股票经纪公司。想到这我有些担心，于是与东京的律师盐崎联络，他也认为必须尽快查明真相，阻止谣言继续传播，损害我的名誉。

南希赶回绍森德取我的印章以及原始股购买文件，航班将在 4 个小时后起飞。我必须有印章，才能授权长岛·大野·常松法律事务所的律师代表我到野村证券调查。如果股份的确已在我不知情的情况下被卖出，我们会立即报警。后来证实我的股份并未出售，制造谣言的人显然是不希望我回到日本。

在赶往希思罗机场的路上，各种想法不停地在脑海里涌现，但我表面上必须保持冷静，因为彭博新闻的工作人员和我坐在一辆车上。既然对手能制造谣言，他们也会用其他手段来毁坏我的名誉。

傍晚时分，汽车到达机场 3 号航站楼，大批等待多时的日本记者同时冲向我，摄像机的强光让我睁不开眼睛。没想到这件事在日本如此轰动，竟然在机场聚集了这么多记者，他们不停向我提问。我以为机场的地勤人员也许不希望与“绍森德武士”扯上关系，会要求记者们停止拍摄，但事情完全不是这样。全日空登机接待处的漂亮小姐完全不受影响，她用盖过记者的音量大声说：“晚上好，伍德福德先生。很高兴再次与您见面，能为您服务是全日空航空公司的荣幸。”

当时的场面相当壮观。我站在自动步道上，看着大批记者跌跌撞撞地跟在我后面，相机不停闪烁，一旁的民众看起来很迷惑，不晓得我到底是哪位名人。我走向全日空在伦敦的贵宾休息室，那里应该比较安静，让我有时间整理思路。南希已经把我的印章交给了司机，我刚刚忙于摆脱记者，完全忘了这回事。我已经过了安检，司机很难把印章送进来，我只好请求休息室的接待员替我去取印章。接待员非常善解人意，她看出我的窘境，想方设法赶在舱门关闭前帮我拿到印章。

在休息室，我和西盟斯律师事务所的日本律师衣川碰面，他曾在东京担任检察官。他的姓跟菊川很像，我开始故意把他的名字叫错，他知道我在逗他。衣川曾在伦敦生活多年，已经能够理解以挖苦和讽刺为主的英式幽默。

上飞机换上拖鞋后，我发现邻座竟是一位日本记者，他不知用什么方法订到我旁边的座位，其敬业精神令人钦佩，于是我同意接受他的采访，我们谈了 45 分钟，对方对我的回答十分满意。

飞行了 11.5 小时后，我重返东京，迎接我的是 90 多名记者和工作人员。一位男性记者作为媒体代表走了过来，邀请我对这个秩序井然的“接机团”讲几句。我无法拒绝这样的请求，更何况我也想说几句。

“我想回日本，想和同事们在一起，也想告诉大家，我回来的目的就是要查明真相。这周我将会见东京检察官办公室、东京警视厅和证券交易监督委员会的有关人员。”有记者问我奥林巴斯能否渡过这次难关，我坚定地答道：“我们有卓越的产品和员工，只要除掉董事会里的毒瘤，奥林巴斯一定会再次成为日本的骄傲。”接受过采访后，我便走向到达大厅，记者们仍旧跟在我身后，仿佛我还在伦敦机场。

我留意到身边有几个人佩戴着隐藏式耳机，想起几天前我已经与英国驻东京大使馆和东京当局取得联系，以确保我在日本的人身安全。这些戴着耳机，身着西装的人应该是东京警视厅的人。

走出入境大门，我看到了和空。我们紧紧地拥抱，他说：“你回来了，真好。”我简单地回了句“谢谢”，这两个字背后包含了千言万语。

媒体再度涌了上来，我们已经被摄像机和记者团团围住。和空故意高喊我的名字：“迈克尔！迈克尔！迈克尔！”好像我是流行音乐之王迈克尔·杰克逊收到众多歌迷的追捧。再次见到和空，让我能在混乱的时刻得以享受片刻轻松。

朝日新闻报社的工作人员安排轿车接我们到柏悦酒店，《朝日新闻》是全球销量第二大的报纸，早报发行量超过 800 万份。接待我们的是记者奥山，他调查过几桩财务丑闻，写过好几本备受赞扬的书，比起日本的普通报道，他的报道更直接、更深入，这得益于他曾在在美国大学参加调查性报道研讨会的经历。

我早在 11 月 3 日就与奥山在伦敦见过面，在公寓里接受了他 3 小时的专访。起初我对日本媒体的看法有些极端，认为他们会屈从于强大的力量，奥山对此不置可否。随后的几个月里，我发现奥山的立场与我很接近。他撰写了几篇有关奥林巴斯丑闻的报道，众多日媒记者无人能出其右，其中包括我们比较日本媒体与西方媒体的专题报道。我刚抵达日本，就在“草根”网站上发布了一条消息：

亲爱的奥林巴斯同仁：

我是迈克尔·伍德福德。奥林巴斯正面临生死存亡的危机，由于几位董事的不当行为，致使奥林巴斯92年的光辉历史、我们对公司的忠诚度，以及公司的股票价值，连同使用公司产品与服务的全球消费者的信任和热爱遭到严重损害。

奥林巴斯正面临一场冒险旅程，我相信各位都知道其中缘由以及牵涉范围，大家都迫切希望拯救公司。我认为第一项任务就是全力配合有关部门，披露这起事件的全部细节。如果无法完成这第一项任务，奥林巴斯就不会有未来。我们必须做到毫不隐瞒，尽力确保有罪之人承担刑事责任。我们会代表公司接受法律规定的任何处罚，并告诉世人，我们已经改过自新。

宫田耕治退休前是奥林巴斯的董事，也是我在日本的好朋友之一，这个网站由他出资建立。第一周就有超过300位同事注册，表达支持，得知有些人有勇气在注册时暴露真实身份，我非常感动。网站收到来自全球各地的消息，奥林巴斯的股东和产品用户也纷纷留言，我向大家说一声“谢谢”。

如果大部分股东支持我重新执掌公司，我就一定会回来，与大家一起努力，让公司回到正轨。然而，奥林巴斯的情况可能远比你我想象的严重，单纯让我复职并不能扭转一切。摆在我们前面的是一条漫长曲折、艰苦困难的道路，所有人都要有决心和毅力走下去。

如果大部分股东支持我再度领导公司，如果你愿意与我共同接受这个艰巨的任务，如果我确信有实际方法令公司起死回生，我必定会回到我热爱的奥林巴斯。

迈克尔·伍德福德

19：00，我在房间里接受了日本放送协会（NHK）的采访。日本放送协会是日本国有的电视台，在采访中，我多次提及 *Facta* 杂志是这桩丑闻的信息来源，但我后来才得知，他们把我提到这本杂志的画面都剪掉了，主流媒体似乎不愿意承认 *Facta* 所扮演的角色。

读了《纽约时报》上的那篇大胆报道后，我想见见它的作者田渊，于是约她与和空共进晚餐。我们认真地讨论了事件的方方面面，最有趣的是她对结果的预测，我这才意识到自己并不了解美国新闻界。在刚过去的艰难岁月中，纽约时报和华尔街日报的工作人员为调查这件事投入了很多资源。

重返东京

当晚，我在酒店的床上辗转反侧，不只是时差原因，还因为我听说星期五的董事会会议地点改在了东京近郊的八王子市，奥林巴斯在那里有很多工厂。我原本只打算在日本停留两天，如果董事会会议没有如期在新宿的巨石大厦举行，我将不得不延长在东京的逗留时间。后来我的律师花了不少时间，终于确认会议地点没有变。

11 月 24 日，我终于迎来了这至关重要的一天。清晨，我与和空、田渊以及西盟斯律师事务所在东京的同事杰森·丹尼尔，还有我的两位日本律师荒川先生、盐崎先生共进早餐。律师们展现出自己的职业风采，让我相信我们能让事情朝正确的方向前进。外界对我赞许有加，但实情是有一群杰出的人在背后支持我，否则我可能早就被击倒了。

在酒店用过早餐后，我们一同前往千代田区的东京地方监察厅特别调查部。虽然我们选择沿坡道进入东京警视厅总部的地下入口，但还是遇到了守候多时的记者，他们猜到我们会从这里经过，聪明地选择了坡道顶端的有利地形。

有人护送我们进电梯，穿过一条走廊，进入一间很大却也很破旧的办公室，调查科的科长和副科长热情地接待我们。他们脖子上佩戴着硕大的银质徽章。和空在一旁帮我把他们的话译成英文，这让我误以为会见的是纽约警察。无论怎样，我相信他们能将罪犯绳之以法。

“知情人士”诽谤

会议结束前，办公室外的盐崎敲门进来，他告诉我时事通讯社（Jiji Press）正在做一篇报道：奥林巴斯密切相关人士透露，我愿意以缄默为代价重新赢得 CEO 的职位。报道内容如下：

独家新闻：伍德福德不再追究奥林巴斯的财务问题

11 月 24 日时事通讯社东京报道：光学设备制造商奥林巴斯内部人士向我社透露，前 CEO 迈克尔·伍德福德已同意不追究公司可疑的并购案以及高额的顾问费。

消息指出，伍德福德于今年 4 月就任奥林巴斯 CEO。没过多久，一家媒体质疑奥林巴斯并购资金的流向后，伍德福德通过电子邮件等方式，就此事质询时任董事长的菊川刚。

9 月 29 日，伍德福德要求 6 位奥林巴斯高级主管辞职，包括菊川刚和当时的执行副总裁森久志。据信，伍德福德提出，若对方推选他出任 CEO，以上 6 人则不必辞职。奥林巴斯董事会决定于 9 月 30 日召开会议，让伍德福德接掌 CEO 一职。

知情人士透露，伍德福德在会上表示他确信奥林巴斯的高管没有从中获利，决定不再追查。他还承诺不会公布内部资源，他说即使主流媒体与股东都已知情，自己提出并购案质疑的相关邮件，将只会在内部流传。

然而，他不满意自己身为 CEO，却仍无法完全掌控公司，因此与其他董事之间产生裂隙。奥林巴斯于 10 月 14 日解除了伍德福德总裁和 CEO 的职务。当时，公司表示他与其他高管无法合作，妨碍了公司决策的制定。11 月初，奥林巴斯承认抬高并购价格以掩盖投资损失，推翻了此前反复重申的声明。

这则消息把我气得浑身发抖，时事通讯社刊登这篇报道时，甚至没有向我求证。这就是日本的做事方式，只提供“知情人士”的片面之词。我庆幸有盐崎从旁协助，他用心跟进事件发展，让我们走出大楼时已有心理准备，我们微笑着与调查科科长和他的同事道别。

东京警视厅外的人行道上聚集了大批记者，希望了解当天我和相关部门三场会议的细节，我的答案比记者预期的还要正面许多。我自信地表示，相关部门确定将查明真相。

一位记者问我：“你是否同意如果复职，就将保持沉默？”我对这个问题已有准备，带着些许怒意答道：“你指的是时事通讯社那篇完全不属实的报道吗？他们刊登那种东西实在可耻。”

我继续解释道：“时事通讯社的报道纯属胡说八道，我只需要阐明两个简单的事实，就能驳斥那些指控。

“第一，我在 9 月 29 日就任 CEO，被说成是暗箱操作。然而，就在下一个工作日，我就委托普华永道会计师事务所进行调查。

“第二，我给董事会的第 4 封邮件是在 9 月 26 日寄出，而第 5 封邮件上的日期是 9 月 27 日，两封信都有正式复本。我不仅寄给了安永会计师事务在日本的资深伙伴，还寄给了负责亚洲、欧洲、美洲业务的合作伙伴，最后还寄给了安永的全球主席兼首席执行官”

记者们明白，如果我以暗箱操作的方式换得 CEO 的职位，那我就不会一回到伦敦，便立即委托普华永道进行调查。更重要的是，在所谓的交易之前，我已经写了两封信并抄送给安永的全球资深管理团队。除非有人认为这是国际阴谋，否则我的举动没有丝毫掩盖丑闻的可能。

我将邮件抄送给安永资深合作伙伴，是因为担心自己的人身安全，即使我出了意外，真相依旧会大白于天下。这一举措也让我免于指控，证明我并没有接受董事会的任何条件。

面对面攻防

那天晚上我受邀在东京举办的“经济学家论坛”上发表演讲，与会的还有 *Facta* 杂志社社长、《经济学人》的肯·卡克尔以及《金融时报》记者索布尔。偌大的宴会厅被挤得水泄不通，大厅后面错落有致地摆放了 12 台摄像机。

我讲了 40 分钟左右，然后开始回答记者提问。一位女记者问我：“伍德福德先生，你当时真的同意了以保持缄默为条件恢复 CEO 职位吗？”

我抑制住激动的情绪：“这里有谁是时事通讯社的记者？”角落里有一个人缓缓举起了手。我问他：“能否请你重复贵社对我的指控？你应该留意到我的律师现在也在场。贵社不经查证就发布那样一则新闻报道，内容与实际情况完全不符。”然后我重复了一遍我在东京警视厅外的人行道上强调的两点。

“迈克尔。”卡克尔打断了我，“时事通讯社是一家大报社，这位记者先生可能并不知情。”他又对那位记者说：“本着公平原则，这位记者是否愿意回答迈克尔的问题？”时事通讯社的记者低声说：“不予置评。”得到这样的答案，我继续说道：“那么，你最好开始阅读《金融时报》。”（有一句传奇口号，叫作“没有《金融时报》，不予置评”。——译者注）现场爆发一阵笑声。

那天下午，我的代理律师寄了一封措辞强硬的投诉信给时事通讯社，对方承认那篇报道刊登前没有向我求证，表示非常抱歉。我还在演讲时，时事通讯社更新了我否认那些指控的报道，也撤销了之前的不实指控。

我们正要离开会场时，几名记者围了上来，其中一个人说：“伍德福德先生，你知道菊川、森以及山田已经辞职的消息吗？”

也就是说，他们不会出席隔天的董事会。**让我感到安心的是这三个人与公司不再有任何牵连，但同时我也有些失望。这一天我等了很久，我原本期盼直视着他们的双眼，让他们明白试图伤害我和我的家人的行为十分可耻，然而那些懦夫没有给我这样的机会。**

第二天清早，东京电视台的采访车到酒店接我，他们打算为我拍摄一部名为《再见，外国人》（*Sayonara Gaijin*）的纪录片。这是一个阳光明媚的早晨，我很想走一走，呼吸一点新鲜空气，但媒体关注着我们的一举一动，我们只能沿着人行道缓慢前进。5分钟后，我们抵达奥林巴斯的总部，我曾被粗鲁地赶出这里。

巨石大厦外一片混乱，大批守候的媒体让路过的群众好奇地停下他们的脚步，人越聚越多。巨石大厦的保安协助我穿过人群，我注意到几位奥林巴斯的工作人员也在想办法护送我进电梯。作为混乱的中心，我反而突然觉得很平静。感觉自己不是喧闹人群的一员，而是一个旁观者，如同飓风的风眼。

但我完全无法前进，一位保安决定用自己的方式解决这个问题。他从后面粗鲁地将我抓过去，我的第一反应是：万一他把我的裤子扯烂，露出底裤，那就糟了。他像是东京地铁里将乘客塞进车门的“推手”，终于把推进了电梯。

转眼就到了15楼，我们走进会议室。我认出几张面孔，但没有人跟我说话。这是我被解雇后第一次回到这里，一切还是那么熟悉，可我不知道自己是否还是这里的一员，不知道这些人是支持我，还是反对我。美智子将我和衣川与盐崎带到休息室，她温和有礼，脸上露出了温暖的微笑，我也很高兴再见到她。她问我们：“喝茶吗？”我笑着答道：“不，我可不敢喝这里的茶。”她笑了，但我其实并非完全是在开玩笑。

10分钟后，我被请进会议室。衣川和盐崎不能陪我，只有董事才能参会。就是在这里，一个月前我被解雇，如今在同一个房间里我见到了其他董事会成员，不，应该是剩下的董事会成员。没有人跟我握手，他们好像都不认识我。我不想失礼，便用日语跟他们道早安。新CEO高山不冷不热地回答了一句：“哦，你好。”**议程开始，第一部分的主要议题是如何保证公司不会被停牌，我们必须按规定在12月14日前重新提交过去5年的财务报表。**

我曾在公开场合多次强调，不被停牌是奥林巴斯的当务之急。在外界看来，奥林巴斯应该因为如此大规模的假账案被停牌，因为它未能达到日本上市公司的标准。我不认同这一说法，伤害公司只会适得其反，因为将牵连无辜的员工和股东，需要负责的应该是少数犯错的人，这一点大家都表示赞同。

会中休息时，有两位董事来与我聊天。一位是我在欧洲的“老朋友”铃木，他对我说：“你有资源做这些事，但我没有。”我不知道他在说什么，他也收到了我寄出的 6 封邮件，他可以打电话给我，与我会面。铃木似乎在为自己的不作为找借口，我没有兴趣听他说话。

接着是穿着华丽衬衫的研发负责人的柳泽，他说：“你公开批评第三方委员会，这样做很可耻。”几周前，我表达过自己的忧虑，我认为第三方委员会的调查可能存在几个明显的问题，因为这个委员会并没有任何司法权，也难以获得法务会计才能获取的资料。柳泽的话激怒了我，我咬牙切齿地说：“真正可耻的是你对我和我家人做的事。”

会议室的气氛有些剑拔弩张，我努力表现出自己的绅士风度。其他董事对我都有几分敬畏，他们不知道我下一步会采取什么行动。令我大惑不解的是，他们怎么能一如往常地坐在这里，带着羞耻感活着。**或许他们不觉得羞耻，因为他们没有羞耻之心**。

我看着他们，脑子里有个声音想大喊：“你们都收到过那 6 封邮件和普华永道的报告，但你们却选择了集体缄默，懦夫不配坐在这里。不要妄图抹去证据，也不要再说这种自私自利的瞎话。”但我知道现在不是说这些话的时机。会议没有持续太久，结束后，我没有和任何人握手就起身离开。

毕马威同流合污？

当晚我飞到香港，下飞机后我得知揭发奥林巴斯丑闻的努力取得了重大突破。毕马威会计师事务所全球主席迈克尔·安德鲁（Michael Andrew）就奥林巴斯丑闻发表声明，他说奥林巴斯显然有舞弊行为，但毕马威并为涉嫌违法行为。他们曾受雇于奥林巴斯，为2008年并购Gyrus公司提供了相关咨询。“我们因为做了正确的事被换掉。”他告诉记者，“事情很明显，发生了情节非常严重的舞弊案，必定有相当数量的人参与其中。”

这让我想到两件事。第一，既然被撤换，他们当初为什么没有继续跟踪此事？第二，如果毕马威对此耿耿于怀，为什么没有对奥林巴斯2009年的财务报表提出异议？

同一天，奥林巴斯前CEO下山敏郎接受现代商务网站（Gendai Business）采访。他说：“任命外籍CEO就是个错误。”听到他说出这种眼界狭隘的话，我并不觉得诧异，下山就是那种典型的老古董。虽然是他同意让29岁的我执掌奥林巴斯英国分公司，但我能清楚感觉到他当时对我毫不掩饰的偏见。

下山在1984～1993年担任CEO期间，因为过度贪恋权力，他授予自己“终身最高顾问”的头衔，让他可以插手公司事任何事务，也令他更惹人讨厌，下山的职业生涯最终以悲剧收场。

下山的话让我想起9个月前我出席在京王广场大饭店宴会厅举办的“奥林巴斯退休员工年度聚会”，那是我就任CEO后第一次演讲。那一天晴空万里，整座城市清晰可见，远处的富士山美得让我为之倾倒。我没有简单地读出秘书为我准备的演讲稿，而是对着台下已退休的奥林巴斯员工，告诉他们，看着巍巍的富士山，我就会想到日本悠久的历史以及瑰宝般的文化遗产。我提到那天早上我沿着新宿公园慢跑，看到年轻情侣、晨练的老人、嬉戏的孩子，这个城市让我备感亲切，这里是我的第二个家。我很自豪能够站这那里，经营一家日本企业。那次演讲感动了很多人，大家相信我说的都是肺腑之言，慈祥的老工程师露出和蔼的笑容，很多人主动走过来与我交谈。

散场时，菊川对我说：“很多人称赞我做了正确的决定，选择了你。”他又补充道：“除了一个人。”我问：“那个人是谁？”他答道：“下山。不过别在意，自负蒙蔽了他的双眼。”

蒙蔽下山双眼的不只是自负。日经新闻的记者曾问他是否记得在领导公司期间试图掩盖亏损，他回答说：“我虽然是 CEO，但并非所有财务报表都会到我手里，所以我毫无印象。那段时间，岸本是财务总监。”

在东京的两天像两个月一样漫长，但一切都在朝着对我有利的方向发展。10 月 14 日中午，我受邀在日本外国记者俱乐部演讲，媒体朋友将我说的话传播到世界各地。

15 日早上，我赶往东京成田机场，飞赴美国，与 FBI 以及联邦检察官会面。走过机场大厅时，好几个人走过来，感谢我为改造日本做出的贡献。在街上和餐厅里，常有陌生人向我表示支持，我比以往任何时候都更迷恋这个国度。

第 10 章

舞弊 13 年，烂到骨子里

2011.11.26～12.07

奥林巴斯自 1998 年开始掩盖损失，目前已亏损 17 亿美元，而这一行为得到了菊川刚及其前任岸本正寿的正式授权。

辞去董事职务后，我打算联系所有相关股东，共同制定一份董事会名单，在股东大会上选定新董事。

成田机场到肯尼迪机场的旅程漫长，它给了我思考的时间。我知道继续担任奥林巴斯董事也无法影响董事会，要改变奥林巴斯的命运，必须挣脱作为董事的束缚。我需要与大股东和其他潜在投资者会面，为公司继续前进寻找出路，必须更换董事会成员，才能挽回投资者和员工的信心。面对确凿的违法证据，现任董事却装聋作哑，他们没有资格坐在现在的位置上。奥林巴斯重生的唯一方法就是成立一个全新的、彻底清白的董事会，我开始考虑这件事的可行性以及后续的影响。

前往入境关卡的路上，我用手机查看了一下电子邮箱。收件箱有一封美国彭博电视台制作人肯齐·德莱纳寄来的信，他将在肯尼迪机场的出口等我并送我到酒店，跟拍我在纽约生活的画面。

在那个秋高气爽的早上，我走出机场航站楼，依照信里的描述，从一群等待已久的日本记者和摄影师中认出了德莱纳。我们乘坐一辆黑色的旅行车前往曼哈顿，他告诉我他挖掘新闻的特别方式：凌晨 2：00，在高级夜总会外等待有报道价值的人。“喝了整晚酒的人，总会有些想说的话。”我觉得这个点子相当有启发性。

德莱纳递给我一份《纽约时报》，财经板块的头条是一篇田渊裕子和本·普洛泰斯合写的报道：**奥林巴斯并购案的牵涉范围不断扩大，日本当局正在调查多家欧洲银行，追查它们是否协助奥林巴斯管理层掩藏非法款项，一滴水让平静的湖面泛起涟漪。**

德莱纳把我带到商业区，我们在一家设计感十足的露天餐厅吃早餐。那天是周六，很多曼哈顿的精英聚集在此，看着他们脸上轻松的表情，想到自己明天就要到东京和奥林巴斯董事会摊牌，我感觉自己像个异类。吃完早餐，德莱纳开始采访我。

我们不想引人注目，他把单反相机放在桌上，用录影功能拍摄。采访中，一位西装笔挺的男士从隔壁桌走过来："抱歉打断二位，我从事金融工作，一直在留意你的新闻，我认为你很了不起。"到哪里都被视为英雄的感觉有点奇怪，我有些不适应。

11 月 29 日早上，我与美国的代表律师霍默·莫耶（Homer Moyer）在酒店套房里共进早餐，他是华盛顿米勒·希瓦利埃律师事务所（Miller & Chevalier）的律师。随后我们与美国联邦调查局的探员第二次碰面，在场的还有美国司法部的联邦检察官以及美国证券交易委员会的代表。这次，FBI 的调查人员问了很多问题。

当天余下的时间我都在接受采访。我曾在上周会见日本当局相关人员，记者们纷纷揣测有关部门接下来会采取什么行动，何时会行动。菊川、森还有山田辞职后，媒体掀起了势不可挡的问责浪潮。

以退为进，辞去董事职务

11 月 30 日星期三，我早早醒来，发现自己不仅头脑清醒，而且思维敏捷。现在我已经决定辞去奥林巴斯董事的职务，然后寻求股东支持，想办法回公司领导全新的董事会。

我与伦敦及东京的代表律师进行详谈，参与谈话的当然还有和空与宫田。此事关系重大，绝不允许在执行中出一点差错，必须从长计议。我辞职的消息势必引起激烈的市场反应，必须赶在周四上午东京证券市场开盘前、纽约市场收盘后公布此消息，因为奥林巴斯依靠的是美国存托凭证（ADR）方式在美国挂牌。

长岛·大野·常松法律事务所的律师帮我敲定了以下时间表：

东京与纽约同步时间表

东京时间 / 纽约时间	事　件
6：50 /16：50	长岛·大野·常松法律事务所寄发（英文）辞职信给奥林巴斯的律师
7：00 /17：00	日本放送协会 7：00 公布“伍德福德先生今早宣布辞去董事职务，以抗议奥林巴斯管理层”的报道
7：30 /17：30	伍德福德先生寄发纽约时间 19：00 的记者招待会邀请函，所有媒体提出的问题必须与辞职主题有关
9：00 /19：00	在纽约召开记者招待会，会上发布英日双语新闻稿
	奥林巴斯很可能对伍德福德先生的辞去董事职务一事发表声明或评论

依照这张时间表，在日本晨间新闻时段公布这条消息，然后通过彭博新闻和路透社将消息传遍世界。为了实现此计划，需要在日本的盐崎周三通宵工作，他并没有让大家失望。消息公布后不久，几乎所有在纽约的财经记者都发了短信给我。我在酒店套房里召开记者招待会。为了确保清楚地传达消息，我早就准备了一份新闻稿：

奥林巴斯的出路

我在此宣布辞去奥林巴斯公司董事一职。自 2011 年 10 月 14 日被解除 CEO 职务后，我只是一个董事，没有任何行政职务。对我来说，向服务了大半辈子的公司辞职是项艰难的决定。

我可以向各位保证，这是在阅读了奥林巴斯现任 CEO 于

2011年11月28日发布的消息后，迫不得已做出的选择。

上周五在东京参加了董事会会议后，我非常关心公司要用何种方式改革奥林巴斯管理团队，才能引领公司前进。原本我还乐观地期待公司能提出可靠的解决方案，然而按照11月28日现任CEO发布的消息来看，高山先生及现任董事会计划将主持公司管理团队的改革，其结果很可能是现任董事会将任命，至少有权影响新董事人选。

我认为高山先生及现任董事会应允改革，以及重建董事会的承诺缺乏可信度，他们仍在损害公司的未来利益。我坚持认为现任管理团队已受到以往过错的影响，不适宜挑选新董事会成员。如此关键的决定应交由公司股东做出，尽快任命与现任管理层完全无关的新管理团队。

辞职后，我打算联系所有相关股东，共同拟定一份名单，由股东们选定新董事。在此前提下，我正式要求公司现任高层尽快召开临时特别股东会议。

我在此明确声明：绝不弃奥林巴斯于不顾。我对奥林巴斯、奥林巴斯的员工、奥林巴斯的产品以及奥林巴斯的未来非常有信心。这是一家很棒的公司，曾取得非凡成就，因为个别董事的不当行为才导致它误入歧途。奥林巴斯有潜力再次成为令竞争对手敬畏的世界级企业，拥有符合最高标准的公司管理结构。

我非常渴望回到公司，领导员工实现这一目标。由于缺乏股东投票制度，所以我才采取行动，目的无非是最大程度上为奥林巴斯保留继续向前的可能。争取幸存机会的第一步就是成立全新的、清白的董事会，我相信在这样的前提下，辞去董事职务是正确的选择。

最后，我希望我的离开能让现任管理团队开始反思以往的过错，让他们担起责任，并为公司的最大利益着想，在召开临时特别会议后主动下台。

我认为这是奥林巴斯走向成功的最佳途径，我关注奥林巴斯的未来，甚至愿意不惜一切代价换取最好的结果。

迈克尔·伍德福德

事情就是这样，一家日本上市公司的CEO，因披露公司欺诈行为被解雇，如今却在挑战那些解雇他的人。当天21：00，经历了漫长且难忘的一天后，我在酒店房间里接受墨菲的一对一专访。摄制组安装设备时，我们开始闲聊，她跟我聊她的生活以及远在韩国的亲人。墨菲是让我感受到最多积极能量的记者，她于2012年4月离开了新闻界。

12月1日，我与奥林巴斯董事会已没有任何正式关系，现在可以不受约束地全力展开反击。我一门心思地执行计划，开始约见在美国的奥林巴斯股东，他们也认为现任董事不该留任。那天下午，我首次拒绝媒体邀约，和南希在中央公园走了很长一段路，从她轻盈的步伐可以看出，她显然是松了一口气。

那天晚上，乔尔·扬从康涅狄格开车到纽约来看我们。我们在东59街的餐厅享用了一顿地道的意大利美食。扬特地开了一瓶香槟，庆祝我们取得的进展。回到酒店，我和南希还聊到扬，南希说："我知道你很愿意为朋友付出，但你知道身边有这么一群朋友的你有多幸运吗？"我回答她："我知道自己很幸运。"

隔天早上，我们搭乘英国航空公司日间航班回伦敦。抵达希思罗机场时，已是伦敦时间22：00，到机场接我们的是斯图亚特·格林格拉斯，他也是我有幸认识的朋友。他是我见过的最能干的经理，我升为KeyMed公司的董事总经理后没多久，就把他提拔为董事。

许多人会努力推掉工作，但格林格拉斯则恰好相反。公司发展得那么好，他功不可没。他于1972年加入公司，在公司服务了32年后于2004年退休。我们已远远超出同事关系，两家常常在一起吃饭，共同度过了许多快乐时光。他曾写信对我说，在这么艰难的时候，没办法支持我，他感到很沮丧，但我认为能拥有他和他妻子给予的这份真挚友谊，我已经很满足了。

一份 185 页的调查报告

我永远记得 2011 年 12 月 6 日这一天。当时我住在伦敦塔桥公寓式酒店里，早上被手机吵醒，一位日本记者忘记了东京与伦敦的时差，伦敦时间 4：00 就打电话给我。我几个小时前刚吃过安眠药，还处于十分不清醒的状态。那个记者用蹩脚的英语，兴冲冲地问我对《日经新闻》有关菊川的报道有什么看法，他还讲了资金流向等事。我在睡梦中挣扎着咕哝了一句，"这里还是凌晨，请晚一点再给我打电话。"

我几分钟后才意识到发生了大事，立刻兴奋起来，于是跳下床，泡了杯咖啡，打开笔记本电脑开始在谷歌上搜索那篇报道，但没有找到。4：23，我收到一封电子邮件，寄信人是在东京的彭博新闻记者，温文尔雅的克里斯·库珀。

迈克尔：

几个小时后，奥林巴斯第三方委员会就会公布调查报告，随后将召开新闻发布会。根据《日经新闻》的报道，奥林巴斯自 1998 年开始掩盖损失，目前损失高达 17 亿美元，这一行为得到了菊川及其前任岸本正寿的正式授权。

你能就此发表一下你的看法吗？我会把报道寄给你并将于伦敦当地时间 7：00 打电话给你。

克里斯·库珀

那天早上，我和库珀通了好几次电话，调查报告正式公布后，媒体再度陷入疯狂，所有人都想采访我。我曾担心第三方委员会会选择粉饰黑幕，不会揭露任何真相。委员会提交的报告长达 185 页，读过报告摘要后，我认为这份报告真实可信。它由 5 位资深法官和律师、49 位法务人员执笔，用精准的法律用语完成，完整揭露了事情的来龙去脉。

委员会主席是最高法院退休法官甲斐中辰夫，他毫不掩饰地指出：奥林巴斯的高级管理层已经“烂到骨子里”了……奥林巴斯应该切除恶性肿瘤，彻底改头换面，这样的提议令人振奋。

奥林巴斯恶性肿瘤的第一个癌细胞，产生于 1985 年 9 月 22 日纽约的一家酒店。当时美国、日本、英国、西德和法国的财政部长同意按照“广场协议”（Plaza Accord，当时美国财政赤字剧增，对外贸易逆差大幅增长，希望通过美元贬值来增加产品的出口竞争力，以改善美国国际收支不平衡的状况。协议打击了美国最大的债权国日本。——译者注），让强势的美元贬值。1980 ～ 1985 年，日元对美元升值 50%，产生的连锁效应是直接打击了以出口为主导的日本经济。奥林巴斯的相机和内视镜等产品在美国和欧洲以当地货币销售，兑换成日元后，利润急速下滑。奥林巴斯 1985 年的利润是 68 亿日元，1986 年则下降到 31 亿日元。

如果日本政府不作为，出口将不可避免地出现严重衰退。**就在那时，政府把利率调到极低，制定了致命的扩张性货币政策，随之而来的是 20 世纪 80 年代末臭名昭著的日本资产泡沫**。泡沫破裂后，就进入了众所周知的“失落的 10 年”。不同于 2008 年雷曼兄弟申请破产迅速引发全球金融危机，日本经济的泡沫化是慢慢发生的。整个 20 世纪 90 年代到 21 世纪初的 10 年被称为“失落的 20 年”。

当时奥林巴斯无法从核心的医疗、生命科学、消费电子产品中获利，时任奥林巴斯 CEO 的下山敏郎开始将目光投向高风险的金融投资。简单来说，就是“抵押农场来赌马”。下山把奥林巴斯引上歧途，但他不是唯一这么做的人，当时许多日本制造商都投资数百亿日元进行投机交易，最后泡沫破裂，一发不可收拾。

精于公司管理与法规的东京顶尖律师久保利英明（Hideaki Kubori）说过：“这是日本企业失落的 20 年，我们很容易想象一家公司隐瞒亏损多年，等待金融市场复苏，但复苏始终没有出现。”

日元资产价值持续下滑，下山的高风险策略适得其反。但他没有通过清算面对损失，并将损失公开列在账目上，而是选择串通外部投资顾问，试图把钱赢回来。他的赌徒心理驱使他必须赌下去，把输的钱夺回来。结果他给奥林巴斯挖了一个更深的坑，开始投资风险更大、潜在回报更高的金融产品。下山进入了黑暗的衍生品的世界：利率掉期交易、货币掉期和结构性投资工具，也就是我们在近 20 年后在 2007 ~ 2008 年金融危机中听过的种种金融产品。下山的赌博以惨败告终，截至 1990 年底，公司的投机损失已达 1 000 亿日元。

岸本正寿在 1993 年成为下山的继任者，对于复杂的金融工具，他似乎不那么在行，所以他正确地把公司的核心业务当成增加盈利的来源。然而他没能处理损失，选择让“投资组合管理部门”收拾残局。财务部门的负责人山田秀雄接到任务：想办法将奥林巴斯账目上的定时炸弹隐藏起来。山田如坐针毡，再三建议岸本承认损失。但岸本不那么想，依旧抱着希望：“我们得沉住气，市场复苏后，损失就会减少，到时我们就可以扭转乾坤。”

公司这种欺骗行为一直持续整个 20 世纪 90 年代。到了 1999 年，谁成为了负责财政的常务董事呢？正是菊川。我试图把世界的注意力吸引到奥林巴斯的神秘款项上，菊川却一再否认。第三方委员会的报告证实，山田向岸本和菊川提议了隐藏损失的阴谋，而他们也同意了。我看着菊川在多场新闻发布会上信口开河，完全不顾及我和我的家人，让我意识到他是多么残忍和自私的一个人。

20 世纪 90 年代尾声，奥林巴斯遇到了最棘手的问题。过去 10 年对日本企业来说很尴尬，表外损失（Off-balance-sheet Losses）激增，会计团体开始接受日本企业不能继续依据原始购买价格评估资产价值的观点。新会计准则将采用“市值计价”（Mark-to-market），意思是公司的资产负债表上的金融资产，必须依据真正的价值，也就是在公开市场上出售的成交价格计算。

揭秘 3 条资金流通管道

如果采取以市值计价的新标准，奥林巴斯以往隐藏的损失会立即呈现在账目上。山田与森于是找来 Axes 日本分公司的最大股东中川昭夫，以及 Axes 美国公司的总裁佐川一帮忙。二人都曾是野村证券的高管，他们想出了“让资产负债表上的损失消失”的办法，奥林巴斯于是进入了 Tobashi 假账世界。

经营不善的日本企业充斥着这种事，然而奥林巴斯比较晚才开始这么做，但持续时间比大部分企业更长。山一证券（Yamaichi Securities）隐藏了 2 000 多亿的损失，使 Tobashi 臭名昭著，奥林巴斯选择山一证券为优先经纪商似乎相当合理。

简言之，奥林巴斯的 Tobashi 是为了将带来巨额未实现损失的金融工具以账面价值卖给外部基金，这样未实现损失就不会出现在公司的合并财务报表上。并购基金需要有与这些金融商品账面价值相当的现金，这样就可以建立一个把钱送到外部基金的秘密管道，奥林巴斯的管道共有 3 条，分别是欧洲管道、新加坡管道和日本管道。

欧洲管道

奥林巴斯成立了两笔基金，分别是中央森林公司（Central Forest Corp.）和快速发展公司 (Quick Progress Co.)。1998 年，山田和森说服经营私人银行业务的列支敦士登全球信托（Liechtenstein Global Trust）放款 300 亿日元给奥林巴斯，担保是奥林巴斯在银行存款账户里的日本政府债券。

新加坡管道

1999 年德国商业银行提供 450 亿日元贷款，同样也是以政府债券作为抵押品。2000 ~ 2005 年，借助各种手段，600 亿日元通过新加坡管道流入 Tobashi。

日本管道

一个名为GC创投基金的公司于2000年成立，奥林巴斯利用这家公司转移了约300亿日元到快速发展公司。管道构建完成后，奥林巴斯成功让940亿日元“飞到”中央森林公司和快速发展公司。

然而，用于转移资产负债表上的不良资产，只发挥了Tobashi一半的作用。奥林巴斯出现了必须偿还的贷款，山田和森再次动手，这次他们想出了一个结束Tobashi的欺诈计划：用资产负债表外基金高价并购皮包公司，再付给这些基金大笔交易费，奥林巴斯将大笔额外付款记为“商誉”，再逐年摊销。

他们花了两年时间，终于找到符合条件的Altis、Humalabo和New Chef三家公司。其中面霜制造商Humalabo专精香菇菌丝培养萃取物，号称可以激活免疫系统对抗肿瘤。它们是真实存在的公司，并将在未来的几年持续消耗公司资源。

银行贷款被偿还给列支敦士登全球信托，欧洲管道也被解决，还剩下新加坡管道，这次的方法有所不同。山田和森决定利用大规模并购隐藏损失。他们和Axes美国公司签订了一份协议，答应给Axes一桩大型并购案的股票选择权。这些选择权只是幌子，仅仅是为了让奥林巴斯能以超高价格回购，以此抵消未披露的损失。

于是，他们锁定英国的Gyrus公司，但没想到就在这里栽跟头。虽然奥林巴斯支付的22亿美元比并购前的市价高出许多，让Gyrus的老板提前过了一次圣诞节，但还是低于预期价格。根据他们与Axes公司签订的金融咨询协议，此并购案金额无法达到想要掩藏的数字，那就是他们不得不支付前所未闻的咨询费给Axes的原因。2008年6月，Axes America把股票选择权与认购权证以2 200万美元的价格卖给了自己的子公司，也就是注册于开曼群岛的幽灵公司AXAM。

奥林巴斯的会计部门将Gyrus公司的优先股估价为1.77亿美元，但山田和森掩盖亏损的计划需要更多资金，于是他们又想出了一个计划，以买下股票期权来交换 Gyrus 公司的优先股，而不是交换现金。他们计划等 Gyrus 公司合并到奥林巴斯，展现协同增效作用。菊川问山田和森："你们觉得呢？有办法全部抵消吗？"这场秘密讨论结束时，菊川评价道："如果可以这样结束一切，那就太好了。"的确，那太好了。

11 月时，AXAM 断然决定将优先股的价格定在 5.3 亿～ 5.9 亿美元。奥林巴斯董事会认为可以全部回购，却在公司的外部会计师那里遇到了麻烦。毕马威指出了顾问费用过高的问题，这件事让双方关系划上句点。2009 年新委托的外部会计师事务所安永新日本同意将优先股账面价值与购买价格之间差价登记为"商誉"。两家会计师事务所都引来第三方委员会的批评，委员会认为两家的行为都"不恰当"，在我看来，这个词未免太轻描淡写了。

掩饰 + 掩饰 = 净亏损 17 亿美元

最后，这些优先股在 2010 年 3 月以令人咂舌的 6.2 亿美元从 Axes 购回。通过这些基金，新加坡管道也被解决，此前数十年的损失就此烟消云散。如果没有 *Facta* 和我的出现，事情就能维持现状。

第三方委员会把所有金额加总后发现 1999 ～ 2000 年，共有 960 亿日元的损失从资产负债表上消失。出现共谋者后，2003 年损失膨胀到了 1 177 亿日元，因为那些吃下亏损的基金在操作新投资时再次失利，包括处理 ITX 股份造成的损失，付给 Tobashi 共谋者的款项，以及整个管道的运作成本。最后的结果是为了掩盖未揭露的损失，奥林巴斯一共付出了 1 348 亿日元的代价，按当时的汇率计算，约合 17 亿美元。

最高法院退休法官甲斐中辰夫及其委员会提供了 5 条建议：第一，必须撤换管理层；第二，追究责任人的法律责任；第三，奥林巴斯内部应建立公司管理与监管的委员会，防止悲剧重演；第四，独立董事与监察人必须投票选出；第五，新的管理团队与监察人员必须改变心态，才能重新赢回股东信任，恢复资讯透明。

12 月，我在伦敦接受了更多采访。我在每一场访谈中都竭力解释问题出在公司的资深管理阶层，而不是绝大多数员工。由于我只接受了部分媒体的采访，于是在事后发表了一份声明：

回应第三方委员会调查报告声明

我们诚挚希望第三方委员今天宣布的发现，能促使奥林巴斯出现正向转变。我最关心的是奥林巴斯员工与其家人、长期股东以及客户的福祉。我仔细评估今天发布的报告内容，优先考虑的就是上述众人的权益。

委员会的报告特别指明了一点：公司存在大量违法行为，现任董事和法定审计师却熟视无睹，继续装聋作哑。我打算用6封邮件以及普华永道会计师事务所的报告，让世人关注这一丑闻，董事会成员也全都收到了信件副本，然而没有一位同事挺身而出，支持我揭发真相的努力。

我直接提供了不当行为的清楚征兆，如果现任董事曾采取适当行动，本将不至于造成奥林巴斯及其股东的诸多损失。如今要振兴奥林巴斯，唯有选出清白的主管来领导公司。

第三方委员会今天公布的报告，提出奥林巴斯可以避免重蹈覆辙的几点办法，其中委员会呼吁全面“更新”董事会成员，这点与我的主张不谋而合，奥林巴斯必须做出这样的改变。

我完全同意报告提出几项观察。例如：

“董事和监察人应深切意识到他们对公司以及社会的责任，董事会及其他执行会议提出的议题不应过分尊崇 CEO。”

“董事与监察人员在没有找到针对问题的最优解决方案时不应该放宽监察尺度。”

“CEO 候选人应该有很强的是非观念，以最高的公司道德标准，强而有力地执行各项制度。”

我们努力探究奥林巴斯究竟发生了什么事。今天的报告只是个开端，不是结束。委员会的调查报告中提出的不当行为，还需要拥有调查权与更多法律资源的有关部门展开全面调查。我已于 11 月 24 日与东京地方检察厅、东京警视厅和美国证券交易监督委员会负责此事的人员会面，我有信心相关人员将全力以赴，本人也将密切追踪进展。

奥林巴斯依旧是拥有傲人历史的优秀企业，公司拥有优越的人力资源，独树一帜的产品以及无与伦比的研发技术。我期待与股东和公司员工一起努力振兴奥林巴斯，带领公司回到正轨，发挥我们的巨大潜力。

迈克尔·伍德福德

2011 年 12 月 6 日

第二天，现任 CEO 高山给了我小小的肯定，他对记者说："伍德福德是有些独断专行，但他也披露了问题，我们没有一个人能做得到，他做的事值得肯定。"

我对甲斐中辰夫及第三方委员会的调查报告充满敬意，然而依旧有许多待解答的问题。例如，奥林巴斯外的假账帮凶到底得到了多少钱？不要忘了，独立法务会计师从没有被请到奥林巴斯，第三方委员会不具备任何调查银行账户的司法权，也没有追踪资金下落的权力，或许我们永远不会知道多少外部人员参与其中。

第11章

赢得辩论，却输掉战争

2011.12.08～12.31

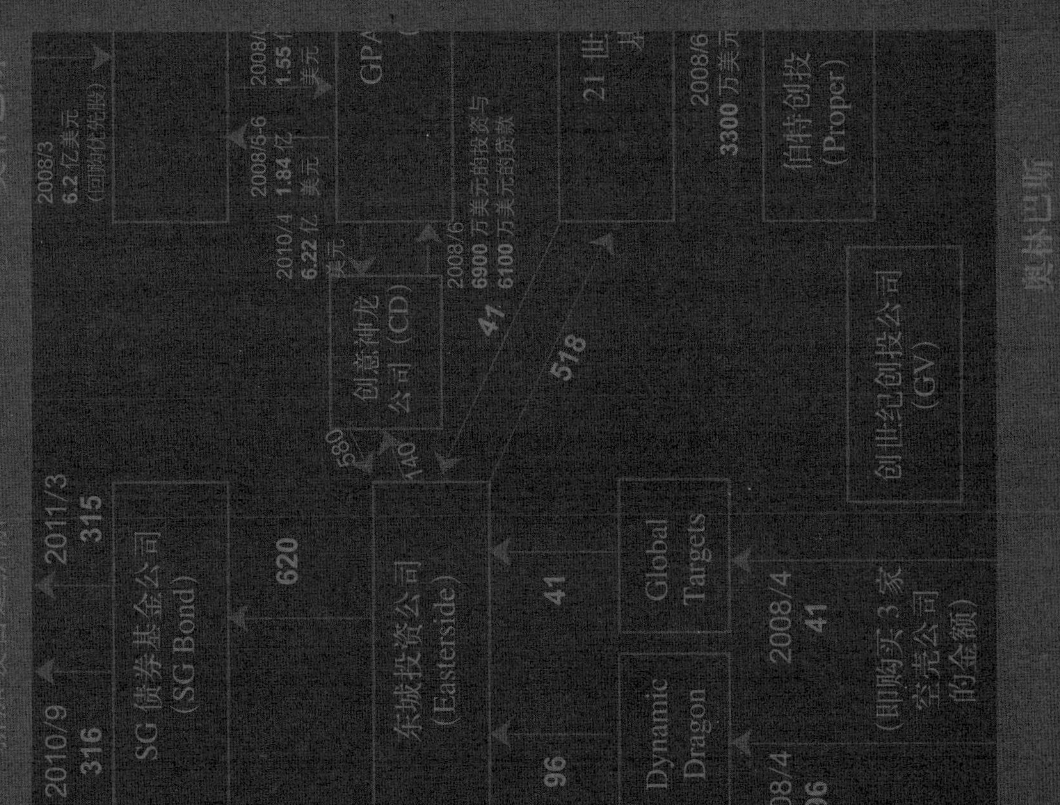

如今，公司高层与日本股东联合起来对付我。虽然我仍在为大家共同的未来与希望战斗，但此时我俨然成了一个局外人。

我帮助公司驱逐了最可鄙的领袖，但情况越来越明晰，奥林巴斯会在没有我的情况下继续生存。

第三方委员会的调查报告已出炉，作假之事证据确凿，现在的问题是受到重挫的奥林巴斯接下去应该怎么办。它已成为一艘无舵的船，名誉扫地，而目前的船长高山仍在否认问题，一切急需由新的董事会来重新开始。

经过一些私下的会面后，我已经草拟出一份新董事名单，有奥林巴斯的内部人士，也有外部人士，而且全都是日本人，我相信这份名单上的人可以为奥林巴斯的复兴做出一些贡献。

12 月 11 日，我取道香港飞回东京。公司的财务状况必须有所起色，因此我在世界金融中心之一的香港和一家私募股权公司的人员会面。我们在伦敦考虑过筹募资金的几个选项，财务状况的恶化让奥林巴斯饱受质疑，雪上加霜的是，高山宣布奥林巴斯正在努力寻找盟友，发行相当于现有股本 25% 的股票给第三方认购。我强烈反对这个做法，在这种时候稀释现有股东的股份愚蠢至极，更严重的是，公司将就此失去独立性。

香港的私募股权公司委婉拒绝了我的提议，现在愿意帮助日本企业的公司已经越来越少。但他们向我提了一个建议：发行股东优先认股的股票，他们负责无偿承销。也就是说，现有股东可以选择维持目前比率的股权，公司也不会出卖自己的灵魂与传统。

12 月 1 日辞去董事职位后，我与世界几家著名的投资银行负责人有过多次会面，他们提供的增资选项将全部交由奥林巴斯董事会进行评估，但一定不是目前掌控公司的这个董事会。

12月13日星期二，我抵达东京羽田机场，和上个月抵达成田机场时一样，我被热情的记者围了个水泄不通，我再次在离入境门不到100米的地方开了一场新闻发布会。我说："我回到日本是想帮忙找到让奥林巴斯重回正轨的办法，而且是带着完全开放的心态。"

一名记者问我是否会和高山先生会面，我回答："我随时准备与高山先生会面，白天深夜都可以。如果他把公司的利益放在心上，我们可以坐下来讨论如何推动业务，拟出一份新的董事名单。公司现在急需新的领导团队。"我用带着歉意的语调，强调在过渡期之后，所有现任董事都必须辞职。

和空以他特有的爽朗风格欢迎我回来，这次他同样尖叫着："迈克尔！迈克尔！迈克尔！"我们搭乘东京电视台的专车经过昏暗的街道，电视台仍在拍摄纪录片画面。回到柏悦酒店后，我发现他们给我订的套房甚至比上次还大。晚些时候，宫田也来到酒店，我们一起喝酒，讨论明天的行程，明天有多个与媒体、银行家和新董事候选人的会面。

来自三井住友银行的巨大阻力

我真心诚意地想要与高山会面，他却不想见我。第三方委员会的调查报告提供了一个短暂的契机，让我和现任董事有机会召开临时董事会会议，讨论如何顺利过渡到新的董事会。如果大家对新董事名单有共识，就可以避免总裁之争的不确定性。

如果高山和我可以达成共识，公司就能开始重建，但高山和他一直在损兵折将的团队也要知道（12月7日，另一位董事中塚诚也因为被控做假账而辞职），我绝不同意他们中有任何人加入奥林巴斯，这也是海外股东的想法。哈里斯协会的戴维·希罗也在东京，高山将与他会面。此外，高山也同意和东南资产管理公司的肖尔斯开一场电话会议。这两家公司是奥林巴斯海外最大投资人，他们都强烈建议让我回到公司。

离开日本前，戴维给我发了一封电子邮件，告诉我们会议进行得还算顺利，他说出了他的要求，但高山只说他会考虑，戴维建议宫田尽快安排高山与我会面。为了回应戴维的建议，当天下午，和空打电话到总裁办公室，试图说服高山见我。和空通过电子邮件告诉大家最新进展：

各位：

我们正在努力安排高山与伍德福德的会面。今天早上我打电话要求高山与迈克尔下周三早晨单独会面：没有律师，没有下属在场，只有他们两人和翻译。我最后和高山的秘书联络上，她答应今天下午给我答复。

宫田打电话给森岛，但他没有接。今天晚上他会试着在他家拦住他。我们会继续更新进度。

同一天，宫田与负责医疗业务的森岛私下联系，试图安排让我和高山会面。宫田写回信给我：

森岛说他不认为你和高山会面有什么意义，大家都认为奥林巴斯不喜欢你的领导风格，他说大部分海内外的奥林巴斯员工都不希望你回来。我告诉他那和我听说的十分不同，但他说他很确定。

草根网站让我们知道员工有多支持我，但奥林巴斯很擅长睁眼说瞎话，在没有任何证据的情况下宣称根本没有人要我回去。这种说法很快就会被媒体报道出去，所以我们必须想办法反击。隔天和空得到奥林巴斯的回应，他的电子邮件让我捧腹大笑：

我刚刚接到奥林巴斯秘书处主管的电话，经过仔细考虑，他们的结论是高山没空见伍德福德。和空说："就连他还在日本时，抽出两分钟，两个人一块儿上个厕所的时间都没有吗？"对方说："抱歉，没办法。"

就连在厕所碰个头都不可能，事情越来越清楚了，我必须和幕后操控的那个人碰面，而那个人不是高山。事实上，现在这出戏被奥林巴斯的主要银行三井住友银行操控着，这家银行借了11亿美元给奥林巴斯，是奥林巴斯的大股东之一。

最重要的人物是三井住友银行总裁国部毅，我很早就认识他，而且我感觉我们彼此都不是很喜欢对方。第一次见到他是2011年的春天，当时我被菊川拉到他面前，除了一开始的寒暄与最后的道别外，我没有机会说半个字。这个小插曲说明了日本企业与银行家之间的微妙关系，特别是像奥林巴斯这种在财务上有巨大缺口的公司。

尽管菊川和国部毅的英文都很好，但那30分钟的会面是以日文进行的，我只得勉强依靠身旁的翻译员。会面中，国部毅几乎无视了我的存在，也没有问我对奥林巴斯的发展计划，但他显然和菊川很熟，他们甚至还闲聊了一下高尔夫球。会面结束，我和菊川各自坐车回到巨石大厦，下车后我怒气未消，要求和菊川与森开会。拜访三井住友银行时森也在，他永远都在主人身旁。我单刀直入："永远不要再拉我去见那种人，太丢脸了，简直是侮辱公司。我绝不会像他那样对待后辈。"以事后的发展来看，那个小插曲已很能说明事实。

然而，事情早该翻过这一页，我必须专注于当下。回到东京的第一天，我已经在饭店和几位奥林巴斯新董事候选人秘密会面。他们是日本顶尖企业家与资深法人代表，他们了解我的努力，对我也抱以深深的同情。不过他们在出面之前也想知道，在日本法人顽强的反对下，我们是否真能赢得胜利。我的看法是，如果在1月初公布的名单上出现耳目一新的名字，那将对奥林巴斯与法人造成一股很大的压力，到时他们将别无选择，必须老实坐下来对话。

伍德福德答奥林巴斯员工问

这天还没结束，重头戏才刚要上演。高山先生宣称奥林巴斯员工不希望我回去，为了回应这样的发言，宫田安排我、他与和空出现在 NICO NICO 网站。这个网站广受欢迎，它绕过传统的播放频道，培养出一群年轻的忠实粉丝。宫田第一次提起这个点子时，我很紧张，事情的结果很难说，但我们还是去了。

节目广告很快铺天盖地，奥林巴斯的每个人都知道那天晚上我会上节目。在NICO NICO的摄影棚里，宫田提醒我，等一下我会遭到穷追猛打。他告诉我，我有能力证明高山是错的，接着他压低了嗓音："节目结束时，观众会投票决定是否喜欢他们听到的东西。"

我们瞬间被摄影棚的强光笼罩，现场摆着看起来像是益智节目常用的道具桌，宫田、和空和我坐在桌前。我们面前是一位白皙美丽的女主持人，她将代表观众提问。当开场字幕出现在荧屏上时，和空在我耳旁低声解释这个节目叫"迈克尔·伍德福德答奥林巴斯员工问"。这是现场直播的 90 分钟节目，21：30 开始。

我坐在那里，筋疲力尽，但肾上腺素发挥了作用。前几个问题很难回答。"如果你不会说日文，你怎么能管理一家日本公司？""比起日本事业，你更在乎海外事业吗？"接下来都是这类问题。大约 15 分钟后，主持人打断了话题，说问题都太负面，观众会不高兴，他们应该停止对我的轮番轰炸。我可以看见荧幕上打出的观众意见，许多是英文的，他们打气加油的话令我感动，有些人甚至告诉我，我看起来很累，他们担心我的健康。有一个人说："高山，去你妈的。"

接下来是投票，我怀着诚意回答每个问题，但不知道观众怎么看。结果摄影棚响起掌声：有 75% 的观众支持我，只有 10% 反对。我热泪盈眶，感觉对自己的日本同事承担了更大的义务。不管他们听到过什么，却依旧愿意支持我，不像那些躲在巨石大厦、畏畏缩缩的董事会成员。宫田在节目的尾声发表声明：

高山总裁、森岛副总裁：

自从我成立草根网站后，我一直在传达同样的讯息给你们："让我们在内部解决这个问题，承认迈克尔•伍德福德是对的，你们是错的。你们应该请他回去，在现有董事全部辞职的前提下，一起拟定振兴奥林巴斯的计划。"奥林巴斯现在不会浪费精力在总裁之争上。

虽然我恳求与你们通力合作，但你们却选择了对抗，还告诉大家："伍德福德不适合领导奥林巴斯，大部分员工不想要他回来，我们不需要他一起来振兴奥林巴斯。"

伍德福德先生接受了我的请求，今天上了网络直播节目NICO NICO，回答了由奥林巴斯员工、股东与客户提的问题。我从这些问题中，故意选择了对于他回来持负面态度的问题，他则以最直接诚实的方式回答。

现在换你们了，高山先生与森岛先生，在NICO NICO节目总监的应允下，我再次邀请你们参加类似的节目，回答奥林巴斯员工与全世界所有相关人士的问题，大家都关心奥林巴斯的未来。如果你们依旧认为自己是对的，迈克尔·伍德福德是错的，那就来吧，我们将在总裁之争上一决胜负！

2011年12月14日

奥林巴斯草根网站 宫田耕治

高山与森岛没敢接受邀请。如果员工能投票决定他们想让谁来管理公司，这将是完美的公司民主典范。宫田的策略是对的，奥林巴斯不再宣称我的同事不想让我回去，他们一定感觉到NICO NICO的投票结果打了他们的脸。

一小时后，我回到饭店房间时，收到彼得·弗戈发来的电子邮件。他和斯图亚特·格林格拉斯一样，在KeyMed公司迅速崛起的时期和我都是董事。彼得是个聪明机智、敢于质疑的同事，我们的关系有时针锋相对，但彼此互相尊敬，因此在读到他对 NICO NICO 节目的看法时，心中有股特别的感动。我知道他是真心诚意的：

寄件人：彼得·弗戈

收件人：迈克尔·伍德福德

主题：迈克尔·伍德福德对话奥林巴斯

迈克尔，了不起的表现，相当震撼人心的高空走钢丝，而且下面没有安全网！各位女士、各位先生，容我向各位介绍马上就会复职的总裁，他将回到我们热爱的奥林巴斯。

这样的演出永远带有高风险，时差、大量的翻译、误译问题、肢体语言等。然而这也是真正的明星时刻，我要对你的表现致以最崇高的敬意。你回答问题时的语调很完美，可以同时吸引迟疑的日本股东。最重要的是，你给惊慌的奥林巴斯员工吃下了一颗定心丸。

他们在这个节目播出之前受到刻意的误导，人们可以随意散布充满偏见的谣言，说出不尊重你人格的话，但现在他们再也不能这么做了！做得太好了，迈克尔！去吧！去喝世界上最大杯的酒，告诉宫田，以一个 70 岁的人来说，他看起来实在太棒了，他的表现也堪称完美！我不确定节目最后的百分比是什么意思，但从反响来看，舆论站在真正的战士这一边！

在我和奥林巴斯董事会搏斗期间，弗戈帮我取了个绰号：“Scouse Scrapper”，意思是利物浦的街头战士。我在东京各大媒体的现身，造成草根网站的访问量激增。员工现在有办公室与工厂以外的平台可以自由谈论，表达他们的不满。由于在线人数太多，服务器一再崩溃，但和空的儿子道格在几小时内就解决了问题，我感觉风向正在改变。

荣膺《时代》年度人物

12 月，全世界各大媒体在年度尾声开始总结今年的大事件。15 日星期四起床时，我得知《时代》杂志著名的“年度重要人物”（people who mattered）赞美我“挑战视忠诚胜于一切的企业阴谋集团，无论发生什么事，世界的企业权贵应该敲响警钟，忠诚优势需要付出代价”。

那天下午，高山召开新闻发布会，宣布奥林巴斯不会被停牌，公司已经提交过去 5 年真实的财务报表。他告诉记者，奥林巴斯将于 2012 年 3 月或 4 月组成临时董事会，但他不愿证实到时是他否会下台。高山只是空洞地宣布会与我合作，却拒绝与我会面：

> 在明年召开的股东会议上，我们将检视奥林巴斯的管理结构与事业计划。我们将为了奥林巴斯的重生而努力，并为股东、客户、银行与员工等相关人士创造价值。

市场对此的反应是，奥林巴斯股价下跌 20%。几个小时后，我在日本外国记者俱乐部召开新闻发布会。我感到愤怒、沮丧，我问日本记者怎么能如此消极对待高山，毕竟公司的独立调查结果已经证实他只是一个应声虫，虽然前一周他宣布自己会离开公司，现在却想继续待下去，许多记者似乎不懂为什么我会如此激动。

趁着现场有大批记者，我决定利用这个机会，公开要求和三井住友银行的国部毅会面。那天晚上我的律师传真了一封要求会面的简短信件，但是在接下来的星期一，对方表示拒绝。

我的日本律师接到三井住友银行西新宿分行打来的电话，他们说国部先生无法跟我会面，因为奥林巴斯的重建计划“将由经营改革委员会”领导，而他不愿干涉此事。这真是太可笑了，负责指派这个委员会的主席及成员的人是奥林巴斯两名涉案的外部董事，来间纮与林田康男。这些独立外部董事从来不曾以任何方式回应我再三做出的书面警告，现在这两个人将负责选出经营改革委员会成员，其中一定有隐情。

三井住友银行将支配公司的未来，这家银行没有说过一句批评奥林巴斯的话，那是怎样的信托责任？这是就我觉得日本企业好景不再的最佳例证。日本国债超过国内生产总值的 200%，这个国家需要有活力的企业，需要开放，而且必须承受破坏才能重建，然而日本那些特权阶级却关起门来玩不光彩的权力游戏。

当晚，我在新大谷饭店与几位前同事召开秘密会议，其中几位资深人士准备参选新任董事。他们愿意牺牲一切来拯救公司，让我自叹不如。我自觉对他们有一股强烈的责任感，在让他们的名字曝光前，我必须确保我们会赢，如果不成功，可能会毁掉他们的职业生涯。

凌晨 3：00。我在柏悦酒店的床上辗转难眠，试着打败时差，同时内心翻腾不已。我已经揭露舞弊案，奉献我的一切，现在是时候提出一些要求了。财务方面，我要控告公司，让公司为我合约上剩余 4 年任期支付数百万美元。我已经准备好无偿复职，如果我重新成为总裁，就不能提出指控，我不能控告自己的公司。

我知道如果有一群新董事，我们就可以让伟大的奥林巴斯再度崛起。但我也终于明白，其实是三井住友银行与其他法人在左右公司的未来。我已经精疲力尽，我不仅在对抗奥林巴斯董事会，也在对抗国部毅，以及三井住友银行董事会，还有奥林巴斯的其他法人。第二天，我心灰意冷地飞回伦敦。

12 月 20 日，路透社报道奥林巴斯准备增发约 12.8 亿美元，即 1 000 亿日元新股，以改善财务状况，索尼与富士两家公司是潜在买家。

奥林巴斯的财务状况的确很糟，在重新递交的财务报告中，公司的资本比率自一年前的 11.9% 暴跌至 9 月底的 4.5%。依据《彭博财经》的资料，精密工程类股票的资本比率一般为 44%。把大部分的公司股票卖给“友善”的大型日企却没有经过股东投票同意，很可能又是在玩典型的交叉持股把戏。

12 月 21 日，圣诞节已近，日本有关当局组织检察官、警察与证券交易监察委员会突袭奥林巴斯办公室。媒体拍到一长列穿着黑西装的人大步走进奥林巴斯总部，好像他们早就知道会有这件事，所以突袭已然失去了意义，这再一次让人见识到日本奇怪的做事方式。

日本欧洲科技公司（Eurotechnology Japan）的格哈德·法索尔曾对BBC感慨："某方面来说，这是一件好事，但真相也可能因此被掩盖，这场突袭则解除了这方面的疑虑。"我没有他那么有把握。

12月23日，我读到《独立报》将我选为"年度商业人物"（Business Person of the Year）时，不免有些振奋。相关特稿也令我欣慰：

> 如果迈克尔·伍德福德把导致他被奥林巴斯解职的来龙去脉写出来，一定会是一本了不起的书，甚至可能有如《大而不倒》（*Too Big to Fail*）或《门口的野蛮人》（*Barbarians at the Gate*）。

我只能说，现在我坐在这里，用着两指神功与语音辨识软件打字，已经是尽了最大努力了。第二天，英国发行量最大的报纸《太阳报》选我为2011年的"商业爆竹"（Business Cracker）。在圣诞树的图画上，我被画在了乔布斯上面。

赞美接踵而来。我得知《每日电报》的"年度英国人"（Britons of the Year）把我列在犯罪小说家詹姆斯之上，标题是"付出代价的告密者"（*Whistleblower Who Paid the Price*），内容摘要：

> 原本默默无名的迈克尔·伍德福德在10月冒了出来，他依靠一个文件夹，一台笔记本电脑以及一个故事，让日本最知名的公司几乎垮台。奥林巴斯和伍德福德的前景依旧不明，但在二者之中，至少有一个带着完整的自尊，以及不断提高的声誉，他们一同度过了这个不同寻常的2011年。

这篇专题报道的结尾令我有些感动。

背叛族群的孤狼

我和家人平静地过完 2011 年的圣诞节，我们到南希的西班牙家乡布格斯度过 4 天假期，然后到加那利群岛的戈梅拉岛过新年。圣诞节一向是最动情的时节，随着许多期盼产生不同的心情。这个圣诞节令我感到忧伤，我特别思念南希的母亲，她是一位了不起的女性。

为了避免整个假日都陷入消沉的情绪，我埋首于工作之中。在戈梅拉岛的那个星期，我和南希曾聊过一件事：我赢得了辩论，却输掉了战争。南希告诉我："你必须了解，他们不想让你回去。"我回答："可是'他们'不是指普通的日本人，而且不想要我的绝对不是公司员工，而是三井住友银行与其他机构股东。"

如果公司不是负债累累，三井住友银行就不重要了。如果，如果，如果……我想到了无数种可能，但事情已经发生，谁也无法让时光倒流。

我知道南希是对的，我是离开族群的孤狼，如今它们要联合起来对付我。**虽然我仍在为大家共同的未来与希望战斗，但此时我俨然成了一个局外人**。被团体重新接纳永远不会是容易的事，我揭露骗局的举动，虽然为公司驱逐了最可鄙的领袖，但事情也越来越清楚，奥林巴斯会在没有我的情况下继续生存，新的一年就这样来临了。

第12章

退出总裁之争

2012.01～2012.03

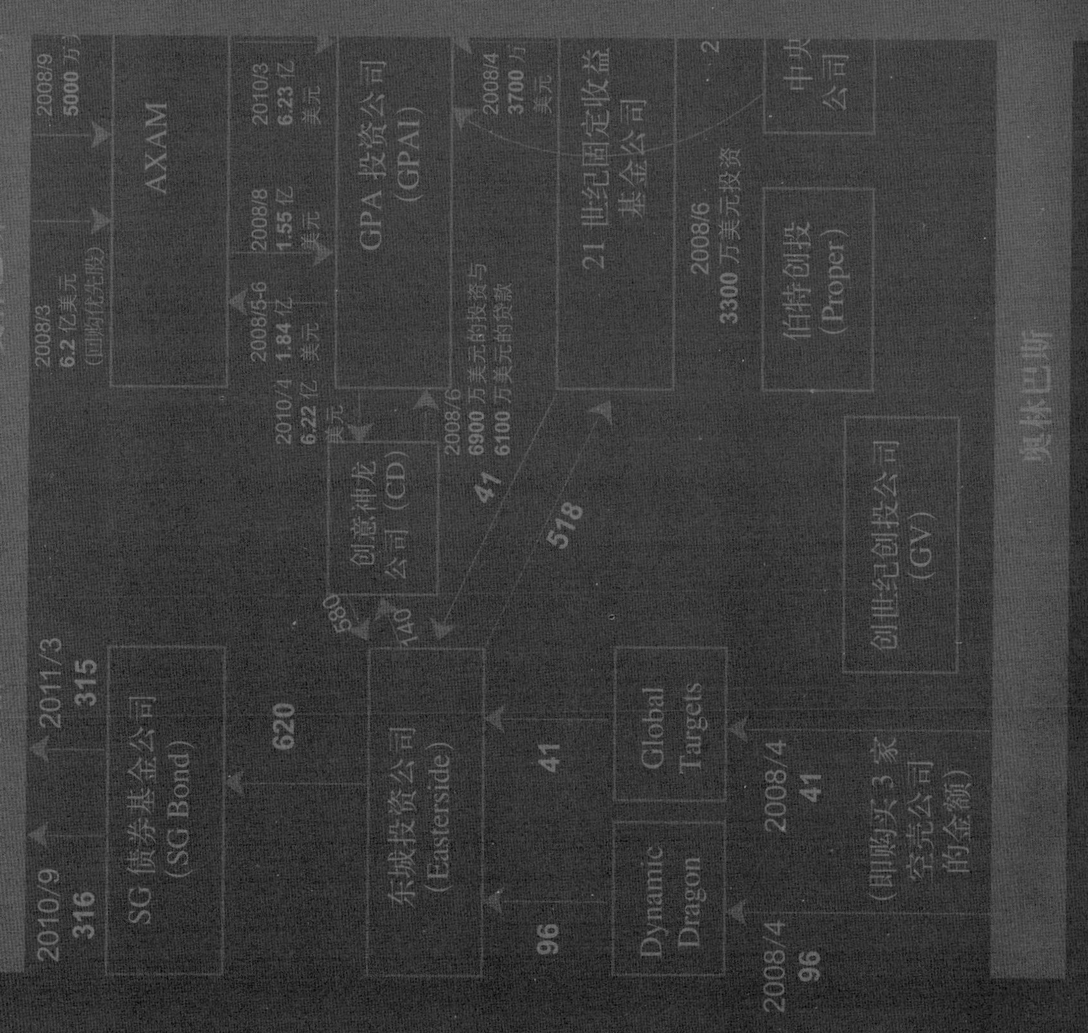

虽然我坚信所有海外股东以及大部分在日本的个人投资者都会支持我，但日本的机构股东以震耳欲聋的“沉默”清楚表达了他们的意思：没有人欢迎我。

董事会掌控着公司多数股权，我很难从他们手中夺回 CEO 的职位，潜规则从不在乎是非对错。

2012 年 1 月 1 日，新年伊始，我与家人在西班牙的戈梅拉岛度假。爱德华出生前，我们就常来这里的一家酒店，这座岛上有很多珍贵回忆。这是个阳光明媚的早晨，天气很暖和，我站在阳台上俯瞰大西洋，20 英里外是特内里费岛，岛上有一座休眠火山，是西班牙最高峰，巍巍高山的壮丽景象让我想起了富士山。

像往常一样，我第一个起床，估计南希和孩子们还要再睡很久，前一晚的新年派对持续到很晚。我回到一片狼藉的房间，从彩带和面具堆里找到了笔记本电脑。房间里没有 WiFi，于是我带着电脑到中庭的柜台附近，那里的网络信号比较强。

安达卢西亚风格的中庭总是十分安静，新年第一天的清晨更是空无一人。整个酒店，我最喜欢的就是这里。这就像是西班牙王宫，两旁错落有致地摆放了一些椅子和长凳，旁边还有一片绿油油的草坪。棕榈林中间有一座小喷泉，水汩汩流出的声音给人一种平静感。一个认识了 20 多年的服务员从我身边经过，我点了一杯咖啡。

我的一天通常从阅读谷歌快讯开始，《星期日泰晤士报》（*The Sunday Times*）的新年特刊将我选为“年度商业人物”（Business Person of the Year），理由是“迈克尔·伍德福德因为揭露日本商业巨头奥林巴斯 10 年来的欺诈行为，被该公司解雇，他为我们树立了榜样”。报道里还有我的简介：例如最喜欢的书：罗曼·提尔妮（Roma Tearne）的

《布里克斯顿海滩》（*Brixton Beach*）；最喜欢的电影《相见恨晚》（*Brief Encounter*）。谈到我时，大家都把我看成是奥林巴斯前 CEO，我有些心烦意乱。

这篇报道长达 2 页，看得出来记者安德鲁·戴维森（Andrew Davidson）下了不少功夫。人权律师克里夫·史丹佛·史密斯（Clive Stafford Smith）曾在《赫芬顿邮报》新闻网站和《卫报》写过数篇报道支持我，报道也引述了他的话，他认为我应该继续从事慈善活动。克里夫说的没错，慈善事业对我来说一直很重要，这类活动拥有超越商业的内在价值。

客场毫无胜算

在戈梅拉岛的这两天，我知道虽然我坚信所有海外股东以及大部分在日本的个人投资者会支持我，但日本的机构股东以震耳欲聋的“沉默”清楚表达了他们的意思：没有人欢迎我。多数人给我的忠告是，董事会掌控着公司多数股权，我很难从他们手中夺回 CEO 的职位，潜规则不在乎是非对错。

如果没有获胜机会，我不能冒险伤害准备公开支持我的人。随着欺诈案不断向前推进，事情仍有无限可能。我和宫田与和空讨论未来的方向时，都认为只有两条路可走：要么公布我们的董事名单，要么退出。经过几番痛苦挣扎后，我们决定退出。

我不打算在伦敦宣布这个决定，我欠所有支持我的人一个交代，尤其是日本民众。我必须回东京，当着大家的面给出我的理由，当然，还要跟他们道一声再见，但这次我不会告诉媒体我要回日本。2012 年 1 月 4 日，我抵达希思罗机场，我在 20 世纪 80 年代早期第一次搭飞机到东京，当时必须到安克雷奇或莫斯科转机，我已经忘记自己去过多少次东京了。等待起飞时，我想了很多，虽然相当肯定最终自己会被迫退出，但我仍对出现转机抱有一丝希望。

1 月 5 日清晨，飞机降落在东京成田机场，这次没有看到大批记者，只有和空在机场等候我们，他的眼神有些哀伤。

我决定退出 CEO 之争的消息应该交由日本媒体报道，我选择了朝日新闻的记者奥山，他总是忠于事实，我与和空对他的印象都很好。接受采访时，我好几次陷入沉默，而奥山表现得很有耐心。

我对能否回到深爱的公司，能否再次和同事一起工作完全没有把握。我并不担心自己，我知道自己可以开始新的人生，投入人权和道路安全这些对我最重要的事业。我关心在意的是那些曾经的同事，特别是日本同事，而现在我要离开他们。采访结束时，我明确告诉奥山不确定自己会退出，在当晚我与其他人的一系列会面结束前，不要发表任何讯息，奥山微笑着告诉我他能理解。

那天下午，我和律师碰面，讨论退出竞争 CEO 的法律问题，然后我和准备担任新董事的候选人会面与通话。他们了解我这个决定背后的原因，机构股东倒戈这种事不可能发生在日本。

20：00，我开了一场返回日本以来最困难的会议。我邀请支持者和盟友到酒店，告诉他们我的决定。大家基本上都能理解，也表示接受。只有一个人不同意，这个人是我在日本奥林巴斯的前同事，他答应出任新董事，他说："为什么现在就选择退出？为什么不静观其变？说不定会有转机，董事会或许会改变想法。"但这个论点完全不合理。

"我知道你的意思。"我顿了顿，继续答道，"但我不知道怎么做才能越过银行和其他人制造的障碍。事情不该是这样，但现实并没有按我们预想的发展，那些机构股东似乎完全无视日本国内的舆论，也不在乎全世界如何看待这件事。我们如果继续与之对抗，只会伤害到你和其他人。"如果我采纳了他的建议，结果可能会不同。

他的眼睛里充满真诚与期待，已经准备好赌上自己的前途，我深受感动，但我只能对他说："很抱歉，我已经尽力了。现在是时候让别人接棒跑下去，该由他们提出质疑和挑战了。"

曾被扫地出门的 CEO 凯旋，重新带领奥林巴斯走向更光明的未来，那是我们想要的大团圆结局，然而在现实生活中，这很少出现。我和这些人一起走过的路，将成为我最珍贵的回忆。在这个艰难的时刻，我们互道珍重，我希望这些一路陪伴我的人能知道我有多在乎他们。

深夜，朝日新闻的官网上登载了这则新闻，称我将不再竞争奥林巴斯的总裁职位。隔天早上，我把声明寄给全世界的媒体。我用了几个小时写这份声明，希望大家能明白我想传达的信息：

迈克尔·伍德福德就奥林巴斯事件的声明

过去的12个礼拜，我心力交瘁。2011年10月14日，我被强行解除CEO职务，接踵而至的是谎言与否认，我身边的人都承受了极大的精神压力，尤其是我的家人。这段时间，我妻子一直担惊受怕，经常尖叫着从噩梦中惊醒，需要好长时间才能镇定下来。她无法承受公开与一家庞大的企业对抗带来的不确定性和敌意。为她的心理健康考虑，我决定停止参与所有竞选新任董事的行动。

当然，不确定性存在的主因是即便我努力做对的事，仍得不到一个日本机构股东的支持，他们会让涉案的董事会继续运作。即使第三方委员会出具了调查结果，情况却未得到改善，这让日本以外的人十分困惑。

“二战”刚刚结束的几年，日本交叉持股体系曾发挥相当大的效用，但在当今社会这套体系已不再适用。原因在于一条不成文的规定：永远不能公开批评他人。这种传统让公司管理最基本的防护措施形同虚设，也使犯下大错的董事会得以继续运作。我希望经过严肃的讨论，实施改革，改善这种状况，加强日本公司的管理水平并振兴日本经济。我认为交叉持股体系的缺点是日本企业必须思考的最重要议题，只有通过改革，日本企业才能在这个竞争越来越激烈的世界成功应对挑战。

在此前提下，过去几个月对我来说很重要的一件事，就是不能让奥林巴斯丑闻事件演变成国家与国家间的对立性问题。我相信在日本国内外管理与执法机构持续的监督，以及日本国内与国际媒体的关注下，许多良性转变已经发生。奥林巴斯因为一种“随声附和”的文化以及缺乏有效的管理制度，致使组织文化缺失，出现欺诈行为。因此，不应该让现任董事出现在下一届的董事会成员名单上，因为他们在收到我的 6 封邮件以及普华永道的报告后，没有采取任何行动。

有很多拥有极高声望的人愿意支持我，站出来担任新董事，我对他们深感敬佩。我想向所有人强调一点，即使我赢得了总裁之争，也会让日本董事与国外董事之间产生裂隙，这将对奥林巴斯造成伤害，也会令公司站在错误的起点上。

我希望借此机会感谢那些鼓励支持我的人。首先要感谢布莱恩·米勒先生和宫田耕治先生，感谢这两位了不起的人一直陪伴在我左右，向罪恶的现实发起挑战。

我没有向他们支付任何报酬，他们唯一的动机就是披露真相，帮助奥林巴斯筛选合适的领导人。在这个全球经济一体化的时代，一个日本人、一个美国人和一个英国人，为奥林巴斯和日本朝更好的方向发展而并肩战斗，我们感到神圣而自豪。我也要诚挚感谢我的律师团队，我在职业生涯中遇过许多律师，但从没见过比他们更全心投入的人。他们为我提供最明智的建议，真心关切所涉及的问题。

在我的内心深处，我认为最应该感谢的是世界各地的奥林巴斯同事，尤其是日本公司的同事。我永远不会忘记 12 月 14 日晚上的 Nico Nico 节目，以及你们的数百条支持留言。未能实现你们的期望，我深表遗憾，然而我已竭尽全力。过去 30 年，奥林巴斯一直是我人生最重要的部分，这加深了我对日本的感情。

最后，我要说的是，请容许我感谢日本民众。如今我走在街上或在餐厅用餐，会有不少人走过来告诉我："你做出了正确的选择。"我一直热爱你们的国家，而过去这几十个难熬的夜晚，那么多人善意的举动，更加深了我对这个国家的感情。

日本真的是一个伟大的国家，我会经常回来享受这美好的一切，回来看望我的朋友。

迈克尔·伍德福德于东京

2012年1月6日

按下"发送"后，我立刻收到数百封邮件和短信，表达支持与鼓励。在这种时刻仍然有那么多人站在我这边，让我欣慰不已。

整个星期五早上，我都在利用网络和电话与世界各地支持我的人沟通，试着提供些许安慰。我曾从事道路安全推广工作，经常安慰因为交通事故失去亲人挚友的人，那时积累的经验、培养的洞察力如今派上了用场，但这种结果不是悲剧，而是一种良性的转变，至少没有人受伤，牵涉其中的人都能继续平静地生活。我收到许多电子邮件与信件，他们的话让我对这个世界充满信心。

2012年1月6日下午，我参加了在日本外国记者俱乐部举行的新闻发布会，现场挤得水泄不通。上台前，我在签到簿上看到自己上个月的留言："日本新闻自由万岁。"这次我写了"能回来真好！"记者问的许多问题，暗示是我让日本企业界变得更好，或许我推进了变革的进程，但真正的变化必须从内部开始。日本企业已经梦游似地走过20世纪下半叶，如今进入21世纪，这个国家的商业巨头们必须醒来。

1月7日晚，和空与妻子在他们家里举办了一场名为"我们努力过"的派对，每个我们认识的人都来了，我很高兴看到宫田的妻子亚纪子与和空的妻子和子成了朋友。派对的最后一项活动是在附近的一家餐厅吃晚餐，有这些朋友在我身旁，我觉得自己是世界上最幸运的人。

日本还有竞争力吗？

飞回伦敦时，我想到有记者问过我，是否会完全切断与日本的联系，我笃定地回答他“不会”。我在日本度过了许多美好的时光，我不可能弃它而去。这个国家正处在困难时期，就像黄昏时分的太阳，但我遇到了一群有能力帮助它重新升起的人，只要一个机会。

20 世纪 80 年代早期，也就是我加入 KeyMed 时，日本已成为一个商业和制造业大国。日本企业资金充裕，从世界各地采购原料，那时日本企业的海外直接投资高达 2 800 亿美元，相当于当时澳大利亚或印度的国民生产总值。

1989 年，索尼并购了哥伦比亚电影公司（Columbia Pictures）、富士通（Fujitsu），又在 1990 年并购英国的国际电脑有限公司（ICL）。此外，他们还买下时尚品牌雨果博斯（Hugo Boss）、坦伯利酒店（Turnberry Hotel）及其在苏格兰的高尔夫球场，而奥林巴斯也从 KeyMed 创始人雷丁豪手中买下了该企业。

事后证明，并购 KeyMed 是极明智的选择，奥林巴斯完全掌控该公司之后，英国成了日本企业直接投资的首选。那段时间，在日本投资欧洲的 420 亿美元中，英国占了 38%。丰田汽车搬到英国德比郡，本田汽车移到英国斯文顿，日产汽车移到英格兰的东北部；索尼在南威尔士制造电视，日冲商业（OKI）在苏格兰格拉斯哥制造打印机，奥林巴斯也成了埃塞克斯郡最大的雇主，而法国仅占日本投资的 7%，这或许就像雪铁龙的老板雅克·加列维（Jacques Calvet）所说，英国是日本向海外进行商业扩张的基地。

然而，日本企业的成功却被视为一个重大的威胁，美国作家兼导演迈克尔·克莱顿的作品《旭日追凶》（*Rising Sun*）在 1992 年一经出版便冲上了畅销榜榜首，这本惊悚小说的封面上写着“奋不顾身地追踪工业阴谋谜团，日本人与美国人的战争。针锋相对地竞争电子业的主控权，追逐梦寐以求的奖赏，日本人所说的‘商场如战场’成为恐怖现实”。

故事背后的真相则更微妙，日本隐藏了弱点。20 世纪七八十年代，日本似乎拥有值得炫耀的资本主义企业管理制度，比起英美那种弱肉强食的制度，他们更重视平等。

日本的出口额占全球总出口额的比重在 1986 年达到顶峰，随后问题开始浮现。人们开始问日本企业体系的本质是什么，可能存在什么弱点。相关问题在迈克尔·波特（Michael Porter）与竹内广高及榊（shén）原鞠子合著的《日本还有竞争力吗？》中得到强力凸显。

多年来，每个 MBA 学生都对日本企业管理模式的优势烂熟于心：高品质、低成本、多样化、多功能、精益生产、视员工为资产、终生聘用制、强大的内部网络、长期目标、高成长产业的企业内部多元化经营，与政府保持密切关系。

波特逐一讨论这些特质，剖析市场发生改变后，这些特质会表现出不足的原因，又或者如他所暗示的，这些特质一开始就没那么强大。他发现一个企业追逐市场占有率的代价是牺牲利润；他发现领导式的追求共识缺乏创新；他发现当“产业里所有竞争者都抢夺相同领域时”就会发生“竞争趋同”（competitive convergence）。

波特说：“竞争对手的零件原料来自世界一流供应商时，由于一流供应商通常是同一批企业，导致生产出来的产品极为相似。竞争对手彼此模仿品质、生产周期或加盟供应商时，竞争会变成一场在同一条跑道上的竞赛，没有赢家。”

波特最关心的是，许多最成功的日本企业投资回报率却持续偏低。大家都在容忍低利润的事实，因为没有人想打破常规。与西方企业不同，日本大公司没有股东压力，常常会无限期保留没有获利的部门。日本主管美其名为“健康赤字”。许多日本企业都无法创造利润，这是日本经济体制的根本缺陷，现在，竞争力极强的韩国正在冉冉上升。

20 世纪 80 年代后期，这样的缺陷演变成重大困扰。日本坐拥大量现金，日元开始升值，美元开始长期贬值。那段时间，日本经历了从未有过的繁荣，耀眼的出口成绩增强了他们的自信，资产泡沫开始膨胀，紧随其后的便是不可避免的破裂。

给人留下最深刻印象的当属日本电子产品的龙头企业。20 世纪 90 年代索尼公司或松下公司生产的电视机才是消费者的不二选择，没有人购买进口产品，然而在接下来一个“失落的十年”，经济衰退的程度令人目瞪口呆。

2000 ～ 2010 年，日本电子产品产量下降 41%，出口量减少 27%，日本的全球市场占有率在 2009 年下跌了近一半，仅剩 10%，而韩国则后来居上。

我接任奥林巴斯 CEO 的一个月前，中国取代日本成为仅次于美国的世界第二大经济体。日本失去近 50 年紧跟在美国之后的亚军地位，所以从更大的范围讲，我当时面对的不只是一家身处逆境的公司，还有一个陷入麻烦的国家。

又一场闹剧：公司控告董事

2012 年 1 月 9 日，我回到英国，两天后日本传来消息，奥林巴斯决定控告 19 位现任和前任高管，索求近 5 000 万美元的赔偿，现任 CEO 也在被告名单上。虽然所有被指控的董事都会在 3 ～ 4 月辞职，但奥林巴斯仍决定继续聘用高山修一，以及多个被指责管理不善的董事，也就是说，董事们自己控告自己。

他们就像等着行刑的罪人。东京里昂证券（CLSA）驻日本证券策略主管尼古拉斯·史密斯表示：“每位董事都觉得自己是死刑犯，公司里有一群死刑犯，的确相当奇怪。”董事们如何一边控告自己一边管理奥林巴斯，只有天知道！可以确定的是，奥林巴斯现在群龙无首。2012 年 4 月 1 日，高山也像一年前的我那样，迎接了新进员工，不晓得那些新人对此有何感想。

2012 年 1 月 11 日，奥林巴斯的货运代理将我在日本的所有生活用品运了回来，一共 27 箱，但我没有找到那本珍贵的第一版《动物农场》。

我想如果是董事会保留了那本书，那么他们可以从这本小说里学到很多有价值的东西。

2月6日，奥林巴斯终于低头了，他们宣布将举行临时特别董事会。对高山和唯命是从的其余董事会成员而言，审判日即将来临。说到审判，10天之后，菊川、森和山田因涉嫌违反《金融商品取引法》（*Financial Instruments and Exchange Act*）被捕，检察人员还逮捕了第三方委员会报告中提到的Axes日本分公司的中川昭夫，东京警视厅也逮捕了全球公司的横尾宣政。

3月7日，检方正式起诉奥林巴斯前CEO菊川刚、前执行副总裁森久志、前会计师山田秀雄虚报公司的会计年度净值。听到菊川被捕，我反而觉得伤感。

众多涉案人员被起诉后，英美相关当局展开了全球调查，司法调查遍及美国佛罗里达、开曼群岛、伦敦以及香港。日本当局没有起诉重大嫌疑涉案人Axes公司的创办人佐川一。据路透社报道，美国公民佐川一已于2011年12月与妻子离婚，把位于波卡雷顿的住宅以10美元卖给妻子之后，离开佛罗里达，前往开曼群岛。路透社向佐川的妻子询问前夫的行踪时，对方表示拒绝回答。

在经历了恐惧时常造访的黑暗岁月后，我的生活在某种程度上回归正轨，而且陆续发生了一些好事。3月下旬，我被选为英国《金融时报》年度“最勇敢企业人物”（Boldness in Business），这是4家全球性报纸首次把同一个人选为年度企业人物。我携妻子与爱德华和伊莎贝尔出席，那个场合十分严肃，但孩子们一点都没有胆怯。他们尊重的是人，而不是头衔，这是那天晚上给我和南希真正的奖赏。金融时报编辑莱昂内尔·巴贝尔在致词中提到：

> 要说2011年商界里谁最有勇气，毫无疑问，那个人就是迈克尔·伍德福德先生。有人担心评审的选择可能会造成误解，鼓励大家当告密者，让更多人对抗企业。然而只要澄清我们选

择他的理由，就无需存有这样的顾虑。伍德福德先生冒了很大的风险披露恶行，身为总裁兼 CEO，揭露丑闻违背自身利益，可以说他亲手埋葬了自己在奥林巴斯的事业。然而他选择了做正确的事，他说服日本当局采取行动，身先士卒的举动展现出了他的勇气。

南希后来告诉我，我去洗手间时，巴贝尔靠过来对她说：“伍德福德这人真是容不得半点虚假，是吧？”我记得拉迪亚德·吉卜林说过一句话：**“不论成败，宠辱不惊。”**那天晚上，我并没有喝太多香槟。

第13章

“日”薄西山

2012.04

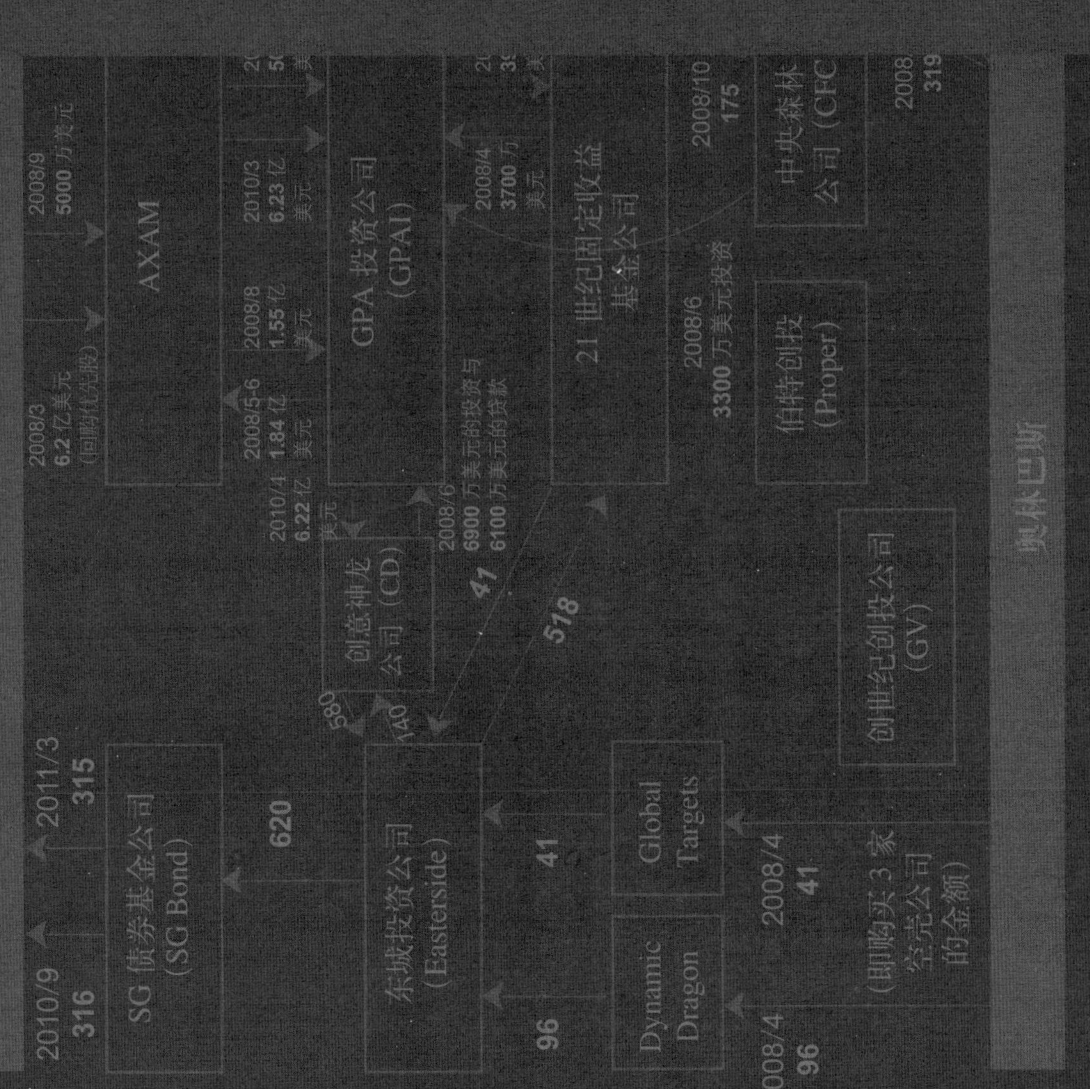

必须瓦解日本企业安逸的“股东俱乐部”，这些人掌控公司太久，却毫无作为。

这个国家需要一个英雄，挑战那些穿着深色西装、年过半百的股东，否则日本将像从前一样被世界阻绝。

2012 年 4 月 17 日破晓时分，飞机行至日本仙台上空，已无法运作的福岛核电站依旧是个威胁。飞机继续右转，向南飞行，在清晨抵达东京成田机场，这是我被解雇后第 4 次来日本。

日本大型企业的前景一片晦暗，我在此时回到了日本。索尼宣布裁员 1 万人，总裁兼 CEO 霍华德 · 斯金格刚刚离职，在执掌索尼的最后一年，他预测当年亏损将创历史新高，许多人对他失望不已。结果最后结算的实际数字比预测还糟，

5 月 11 日索尼宣布全年亏损 57 亿美元，当天股价跌至 32 年新低。这家曾经所向披靡的企业已经连续 4 年亏损，斯金格忍痛辞职，把权杖交给一位日本 CEO，路透社称之为“索尼的派系斗争”。

这次，我还是选择入住柏悦酒店。我刚整理完行李，就得知日本板硝子株式会社的克雷格 · 内勒尔提出辞职。他是一名美国人，曾在杜邦公司工作 36 年，创造了辉煌的业绩，他还参加过我的就职仪式。他辞职时表示，为了公司长远发展，他认为有必要对企业架构进行重组，但他与董事在整顿速度与规模上存在“本质上分歧”。至此，留在日本的外籍总裁只剩日产汽车的卡洛斯 · 戈恩。我估计这之后很长一段时间，日本企业都不再会聘用外籍 CEO。

我要在临时特别董事会上面对过去的对手，不过这次我只是一位股东。为了应付媒体的访谈邀请，见面会一场接着一场。我刚下飞机就要

准备出席第一场会面，午餐时间要给“日本企业董事协会”演讲。虽然是一场免费的演讲，但受邀谈论公司管理标准是件正面的事，我关心这个主题，永远不会拒绝这样的邀请。三宝乐啤、富士、柯尼卡美能达、先锋、索尼等知名公司的高管悉数到场，我深受鼓舞。

这趟旅程的不同之处在于我已经没什么好失去的。我可以无所顾忌地讲出日本企业与资本市场的问题所在，而且我也感觉不到任何危险。我告诉每一位走进房间的记者，日本急需振兴经济，再次领导全球的商业创新，然而要实现这一点，必须转变现在的心态。尽管各项证据都证实了奥林巴斯的骇人行为，却没有任何机构股东站出来批评现任董事会，我揭发欺诈案时，他们为什么也没有给予任何支持？

的确，社会凝聚力是一股力量，团结的态度很重要，也值得肯定，然而不提出异议的部族式忠诚正在拖累日本。**真正的问题在于领导，领导者需要被挑战，需要做出不受欢迎的决定，需要思想上的碰撞。**是的，在极端情况下，他们甚至需要开除不合格的人。奥林巴斯许多高层主管一辈子都没有开除过任何人，解雇别人的感觉很糟糕，但有时很有必要。选择对的人很重要，但摆脱错的人恐怕更重要。依据我与日本经理人共事的经验，许多人绝对不会解雇缺乏能力的下属。

对抗并挑战传统才有可能进步，这对崇尚和谐文化的日本人来说十分困难。日本需要更多不合群的人，这个国家需要一些像本田汽车创办人本田宗一郎一样反其道而行的开创型工程师。日本需要，也有必要出现几个乔布斯。为什么索尼爱立信会输给苹果和三星？索尼一直引以为傲的“Walkman”为什么没有新一代产品？

还有，日本为什么缺少女性企业家？不要说董事会，担任重要中层管理角色的女性角色都少得可怜。我不是个社会学家，但我知道基本的数学原理，如果你阻止 50% 的人发挥天赋，那你就犯了大错。

2012 年 7 月，福岛核电站泄露事件独立调查委员会终于把报告呈交给国会时，我想的正是这些事。调查报告一开头就写道：“这显然是个‘日本式’灾难，基本原因是根深蒂固的日本文化传统，我们反射性地服从，不愿意质疑权威,大家都跟着计划走。”我认为日本企业之所以注定失败，正是因为以上原因。在接下来的几年，我们会看到更多日本企业曝出不符合表面形象的新闻。

或许在下一位伟大领袖上台前，日本还会面临快速衰退的命运。然而最终会出现一位优秀的领导人，或许是日本的撒切尔夫人，虽然她不怎么讨人喜欢，但如同早年我在利物浦所看到的一样，当国家陷入更严重的经济萎靡不振甚至混乱时，撒切尔夫人做了必须做的事。

至于奥林巴斯，我的预测十分简单：奥林巴斯有机会再度成为世界上最成功的企业。我决定将来只谈自己被解雇前的经验，奥林巴斯需要和新的董事会一起向前，我不会在一旁指手画脚。

至于董事会方面的进展，他们几个礼拜前宣布了一个令我吃惊的决定。两名涉案董事渡边和弘（Karl Watanabe）与西垣真一（Shinichi Nishigaki）将继续担任高级主管职务。这个决定不仅错得离谱，也违背了第三方委员会的建议，我知道其他股东和我一样担忧。

连续三天都和记者谈同样的事，我有些疲惫。时差会影响人的情绪，当你的头因为疲累而垂下时，你的心也会跟着沉下去。星期四下午，我发现我正想着自己在绍森德的沙滩上跑步。

奥林巴斯能否重生？

4 月 20 日早上发生了一件大事，一年前的今天我正式成为奥林巴斯的总裁，我在凌晨 4：10 起床，打开窗帘、喝咖啡，和在绍森德的南希视频聊天，她说她爱我并祝我好运。

我到酒店泳池游了 50 个来回，和一位几年来常遇到的东欧商人交谈了几分钟。他用一种类似神秘修炼的方式在泳池里滑上滑下，每天早上要游 300 个来回。在更衣室里，一位同为健身俱乐部会员的日本国会议员走过来，说他会为我祷告。这些经历让我知道，我身边有各类人在支持着我，我也戴上父亲留下的袖扣祈求好运。

媒体对这次董事会会议表示高度关注，除了因为我会出席，还因为在这次会议召开前的几星期，佛罗里达州行政人员退休金管理委员会与英国铁路员工退休基金等9家外国基金采取了不寻常的举动。新董事成员名单公布后，它们写了一封公开信给奥林巴斯管理层，对公司“明显受银行界过分影响”表达不满。此外，机构股东服务公司建议改以投票方式选出新任董事长与总裁。然而，这些举动都未能影响日本股东，它们对海外股东的不同意见无动于衷。

为了准时出席会议，我与和空早早从酒店出发，这是日本企业史上最令人瞩目的事件，我不敢迟到。我们搭一辆计程车抵达香草色的新大谷酒店（New Otani Hotel），经过一排停在酒店门口的黑色桥车时，我确定其中一辆曾属于我和尼克，那辆车大概几个小时前载过奥林巴斯的重要人物。有警察在现场维持秩序，他们担心这次的临时会议可能有股东惹麻烦。在日本企业的股东会议上，经常出现混乱场面，有些人甚至试图敲诈董事会。

我们坐在前排位置，宫田坐我右手边，和空在左边，三剑客再次聚首，穿着深色西装的董事依次走进来。如同预期，CEO高山在最后一鞠躬离开公司前，主持这次会议。

他最多只能做几个小时的CEO。一开场他首先致歉，继而长篇大论地鼓吹公司的新法规系统多么有效。他说完后，全体董事一起鞠躬。一名义愤填膺的股东大喊：“你们这些混账东西！以为道个歉就没事了吗？”

这番话为这场临时股东大会定下了基调，事情从很糟变成更糟。又一位股东开口：“为什么座位前没有名牌？太奇怪了！”显然是因为台上的人深感羞耻，不敢让人知道他们是谁。接下来是一连串充满敌意的问题，一名不满的股东走向麦克风：“我要伍德福德先生回来。”很多人购买股票使用的是退休金，如今手上的股票价格暴跌，他们积压已久的不满彻底爆发，不停对董事们发泄愤怒。

会议进行到一半，一位来自关西的先生对着董事大喊：“钱在哪里？

你们为什么不拿内视镜看一看公司的保险箱？”那句话赢得了不少掌声与喝彩。接着大家要求取消高山担任此次会议主席的资格，高山提出抗议，要求进行信任投票，没有人举手。

高山将很多问题丢给董事铃木正孝，致使每一次铃木努力靠近麦克风时，都会有在场人士喝倒彩。甚至有人在叫喊：“你个白痴，铃木！”“下去！”“你让我们在世人面前丢脸！”铃木在 9 月 30 日的董事会上对我几番羞辱，在我被迫离职后，他还被派到 KeyMed 指手画脚。看到他被无情奚落，满头大汗，我仍然有些不舒服，我不喜欢看到人们被公开羞辱到那种程度，无论他们之前做过什么。

我不断举手，表示想要问问题，最后他们终于让我发言。我的律师先前已经递出书面问题，要求公司具体解释为什么解雇我。我站在麦克风前，和空在我身旁翻译。我再次提出文件上提到的内容，这很重要，我必须确认新董事会承认解雇我是一件不公平的事，如果他们依旧不接受这点，又怎么能领导公司继续向前？

不出所料，他们借口说没有办法回答这个问题。我已经在伦敦提起诉讼，指出我是因为揭发隐情被解雇，但台上的人却拒绝正面回答我的问题。我在律师的协助下，已经做过一些功课。《最新日本公司法》规定，如果对股东造成的潜在财务损害超过他们拒绝回答的原因（也就是和我打官司的律师费以及和解费），他们就必须回答问题。被提名的新董事会如何看待这桩丑闻，将左右股东决定是否把票投给他们。

“不要躲在幕后，走出来！”我催促帮高山修一与他的手下打出答案的律师，“你们的回避行为可能使这场临时股东大会被法院宣布无效。如果不想让今天所有决议都失效，就请清楚回答这个问题。”他们再次想要避开这个问题，这样的行为激怒了我。我飞了大半个地球来这里，不是要看这些腐败的管理层推来推去。

我继续说道：“甲斐中辰夫法官帮了日本一个大忙，他指出台上的董事都是共犯，我寄过 6 封信明确警告过你们公司有欺诈行为，你们却无动于衷。渡边与西垣依旧担任高级主管，你们难道想不到世界会怎么看这件事吗？今天应该是奥林巴斯新的开始，而你们还留这两位先生在公司，你们怎么敢这么做？我为你们感到羞耻。”我越说越大声。

失控的马戏团团长高山脸色苍白，朝我喊道：“坐下。”我已经陈述了自己的主张，便坐了下来。我并不恨高山，他只是个傀儡，受幕后律师的操控，必须主持这场闹剧。

我已经完成参加这场会议的目的，没理由继续留下来。我离开座位走向出口时，大批的与会股东开始大喊：“迈克尔！迈克尔！迈克尔！”讲台上的高山被迫中断发言。我离开大厅时，股东成群围住我，他们感谢我，要我重任 CEO，我很感动，但这永远不可能发生。

我走出饭店，对媒体说：“今天原本是奥林巴斯重新开始的日子，但我们刚才目睹了一场笑话。这就是为什么世界上其他国家会觉得这里是以全然不同的方式在运作，不可思议。”

那天稍晚，投票结果出炉，“俱乐部”赢了，他们早有机构股东的支持，按他们的意愿选择了董事会成员，但 30% 的股东没有投给新任 CEO 笹宏行（Hiroyuki Sasa），35% 的股东没有投给新任董事长木本泰行（Yasuyuki Kimoto），这对日本上市公司来说，几乎是前所未见。

有趣的是，临时股东大会仅 3 天后，日本最大制造商日立公司历史性地宣布，将对董事会重新洗牌，打破 120 年以来的不良传统，外部董事人数将首度超越本土董事。更引人注目的是，它们提出的其中一位新独立董事是 3 M 公司的前任董事长乔治·巴克莱，我祝他好运。

撒由那拉，日本！

我匆匆离开临时股东大会会场，来到日本外国记者俱乐部，我决定畅所欲言。我告诉大家，几周前，我在华盛顿的法人公会演讲结束后，一位掌管几十亿美元退休基金的投资主管对我说，日本企业的管理方式不够民主，除非情况彻底转变，否则他不会碰这个国家的资本市场。如果不做点什么，国际投资圈将很难再次涉足日本市场。

我满腔热情地解释自己的信念，日本企业必须瓦解内部安逸的“俱乐部”，它们掌控日本企业太久，应该有人站出来，挑战那些穿着深色西装、年过半百的股东，否则日本将像从前一样被世界隔绝。

然后我直接把枪口对准日本媒体：“如果我不是向金融时报的记者揭发这件事，而是告诉你们，会发生什么事？你们之中许多人私下告诉我，这个报道会非常棘手，你们害怕得罪最大的广告客户。”我指出，最直言不讳的日本记者通常在外国媒体任职。

这听起来像是在传播崇高的信念，但我真心相信，当前世界经济环境动荡，投资人需要信心，日本企业却没有利用自己全心全意追求最高品质的优点。

我非常疲惫，开始出现幻觉，然而那天和空安排的行程尚未结束。我再次被安排上了 Nico Nico 的夜间访谈，但这次我需要展现生活中的自己。美丽的主持人说她的任务是挖掘我真正的样子，我咯咯笑了起来。

我被和空与宫田一左一右夹在白色沙发上，谈起了我的家人，还回答了一些线上问题。接着，我向从未交过女朋友的焦虑少年提供建议，教他们如何成功约到心仪的女孩。好几个人称赞我的领带，我最后将领带送给了主持人，我只在日本这么做过。

尾声

与真正的告密者会面

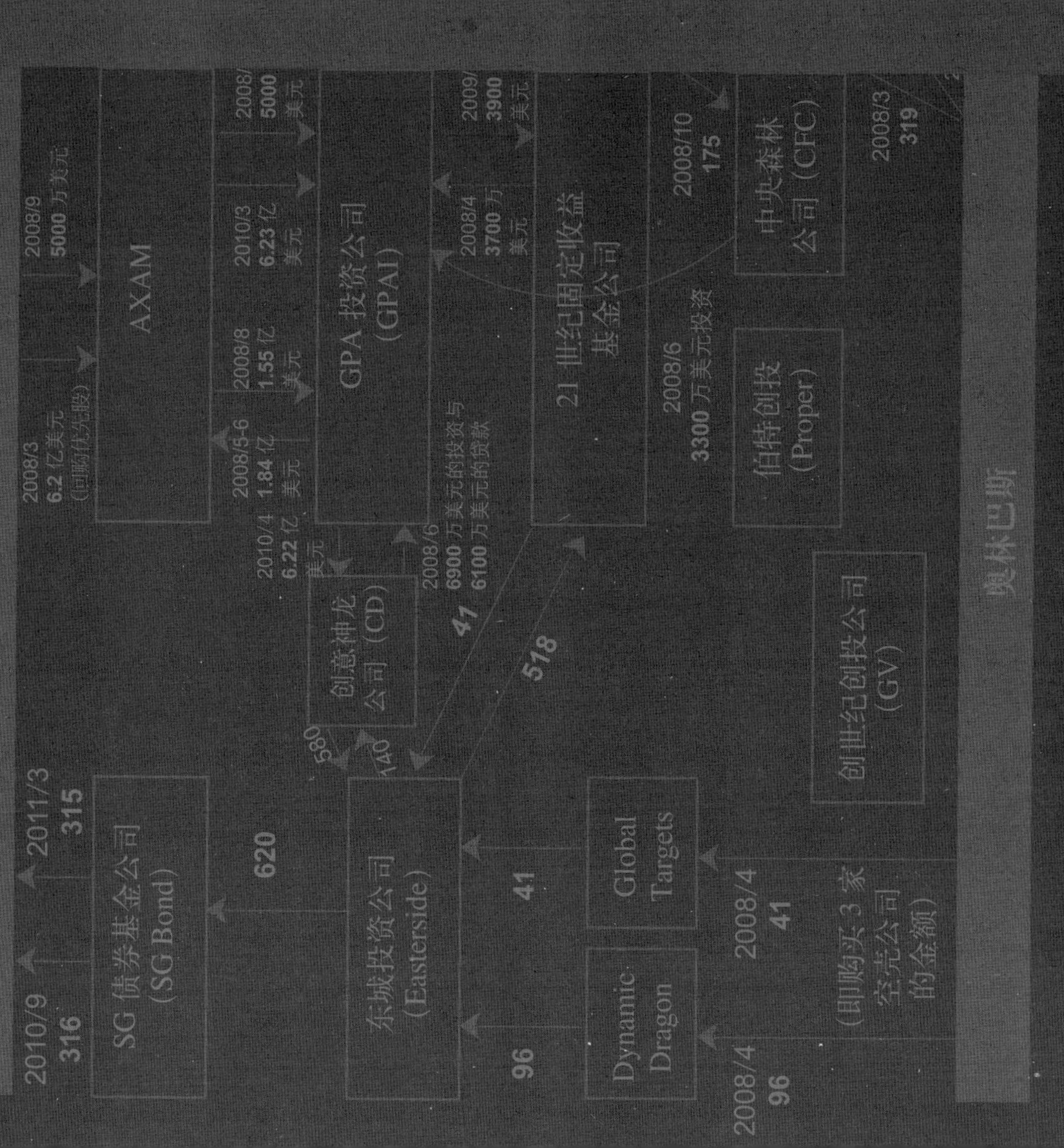

虽然我们曾通过电子邮件短暂联络，我却从未与这个把奥林巴斯内幕告诉媒体的人见过面。

这位最初的告密者彬彬有礼，没有盛气凌人的架势，他只是一位奥林巴斯的员工，当然，他不是普通员工，勇气令他出类拔萃。

说到吹哨子，你可能会想起正在办案的警察或球场上的裁判。20世纪70年代，“吹哨子的人”（Whistleblower，原意为吹哨子的人，后用来指代告密者。——译者注）这个词因为行动主义者拉尔夫·纳德流行起来，他觉得“吹哨子的人”可用于取代有贬义的“打小报告的人”或“通风报信的人”。我不知道我是否算一个“吹哨子的人”。

在商界，“吹哨子”的举动始于美国，这类人也被称为告密者。1863年，为打击商家的欺诈行为，联邦政府颁布的《反欺骗政府法》（*False Claims Act*）是第一项保护告密者的法案。美国甚至成立了国家举报中心，该中心座右铭是“诚实无惧”。

直到1998年，英国才颁布了《1998年公众利益披露法》。日本则到2006年才出台了这样一项规定：告密者不得擅自接触大众媒体或其他外部团体，除非“有充分理由证明雇主对其忠告不予理睬，甚至有隐藏证据的行为”。

告密不是我的风格，我不是一名裁判，只是发现了自己的队友违反了规则。一位仍留在奥林巴斯的日本同事说我不是“吹哨子的人”，而是一个“敲钟的人”，我喜欢这种说法。失火后，会有人冲进教堂，敲响警钟，提醒大家灭火救人，我就像那个敲钟的人。

待在东京的那个星期，我还有最后一件非做不可的事：会见最初的告密者。虽然我们曾通过电子邮件短暂联络，我却从未与这个把奥林巴斯内幕告诉*Facta*的人见过面。我不知道那个人是男是女，属于哪个部门，我现在特别想见见这个比我勇敢很多的人。

报道这则丑闻的记者是山口义正，和空告诉他，让我和他的信息提供者见一面很有必要，经过双方沟通，最初的告密者终于同意见我。

秘密会面被安排在和空家。我从东京市中心出发，搭乘地铁抵达和空家附近的根津站，到他家后，和空与妻子热情地招呼我。我脱了鞋，走上小小的屋顶阳台等待那位神秘人物，那天天色不大好。到了约定时间，告密者仍然没有露面，我担心他会临阵退缩。

这时，我听到两个人进屋，是山口和他的信息提供者，他们踏上屋顶的阳台。我当时情绪有些激动，给了这两位日本先生一个热情的拥抱，这让他们有点尴尬。拥抱全然陌生的人不合乎日本礼仪，但我觉得他们对我来说并不是陌生人，我们一同经历了那么重大的事件。

这位最初的告密者看上去彬彬有礼，没有英雄主义情结，也没有盛气凌人的架势，他只是一位奥林巴斯的员工，当然，他不是普通员工，勇气使他出类拔萃。

令人感到不可思议的是，告密者对我说的前几句话却是“很抱歉”。“你就任CEO后，我真的想过写邮件给你，讲明这件事的原委，但我不知道你是否已经跟他们同污合流，很抱歉。”“千万不要道歉。”我说，“你的选择完全正确，你那时不了解我，不知道能不能信任我，选择向杂志社曝光非常明智。”

我们坐下来，喝了几罐啤酒，吃了些饼干，聊了聊公司的好人与坏人，事情能有什么样的进展等。他渐渐放松下来，说道：“森久志，多么典型的日本应声虫。你能想象吗，他们大概想让他当总裁。”我点头同意，听着隔壁屋顶传来的交响乐，我产生了一种正身处某部电影的错觉。

“你知道的。”我说，“菊川暗示我不喜欢日本人时，我非常生气。”

临别时他微笑着问：“你什么时候回日本？”

我坦诚地告诉他：“我也不确定。”

我将在下周日回到英国，继续我的人生，但我还不确定自己最终会走向哪里。下周一，告密者会回到奥林巴斯继续上班，继续隐藏自己，同时为公司的未来而奋斗。我握着他的手说：“如果有什么我能帮到的，无论什么时候，请一定告诉我。”我没有送他们，如果他们被看到和我在一起，会引起不必要的麻烦。

我站在屋顶，看着他们走进一条小巷，又转进另一条巷子，最后无声无息地消失在喧闹繁华的东京街头。

致 谢

被解聘后，若不是有奥林巴斯在世界各地的前同事的支持，我很难走到今天，感谢大家对我的鼓励。

这次经历给我的人际关系带来了巨大考验，不只是同事与朋友，还包括最亲近的家人。选择这条路，让我身边的人承受了相当大的压力。我想让南希、爱德华和伊莎贝尔知道，正是你们的爱才令我在巨大的压力面前不至于崩溃。

这本书涉及许多法律问题，我在英国、美国，以及日本的律师团队就书中内容提供了很多有价值的建议。还有些事我想说但不能说，但我认为本书已讲明事情的原委。记录已发生的事实对我而言很重要，它让人看清在某种情境下别人如何选择，希望这个故事能鼓舞其他面临类似困境的人，帮助大家找到正确的路。

我还要感谢今日管理杂志社的编辑马修·格威瑟，他让这本书更有条理，还补充了一些我想不到的元素。

对于企鹅出版集团旗下的Portfolio出版社，我表示最诚挚的感谢，本书的编辑乔尔·里科基特和布鲁克·凯里的编辑功力无与伦比。此外，我还要感谢企鹅出版集团的本·布鲁希，谢谢他们提供的协助，让这本书能按计划面世。

我用了超过 1 000 个小时完成这本书，包括一切必要的准备工作。写作过程中，我越来越依赖彼得·马登，因为我是全世界打字最慢的人。借助彼得的协助，我才得以将书稿完成。

我有时会对这个世界感到失望，但在最难熬的岁月里，许多朋友和亲人给予了我无条件的支持。我希望在接下来的几年，有机会对他们的好意回馈万分之一。

附录一　奥林巴斯舞弊案大事记

<table>
<tr><th>总裁（任期）</th><th>事件年份</th><th>事　件</th></tr>
<tr><td>下山敏郎
（1984 ～ 1993）</td><td></td><td>下山敏郎担任总裁，开始隐藏海外投资损失</td></tr>
<tr><td>岸本正寿
（1993 ～ 2001）</td><td></td><td>岸本正寿接任总裁，继续隐藏海外投资损失</td></tr>
<tr><td rowspan="2">菊川刚
（2001 ～ 2011）</td><td>2008</td><td>奥林巴斯以破天荒 9.4 亿美元的价格收购 Altis、News Chef、Humalabo 三家与核心业务无关的公司</td></tr>
<tr><td>2010</td><td>以 5 亿美元回购 Gyrus 公司的优先股</td></tr>
<tr><td rowspan="10">伍德福德
（2011/4 ～ 2011/9）</td><td>2011/4</td><td>伍德福德接任总裁，成为日本 4 个外籍总裁之一</td></tr>
<tr><td>2011/7</td><td>Facta 杂志曝出奥林巴斯并购丑闻</td></tr>
<tr><td>2011/8/2</td><td>伍德福德拿 Facta 质问前总裁菊川刚与森久志</td></tr>
<tr><td rowspan="2">2011/9/20</td><td>Facta 杂志登出第二篇奥林巴斯丑闻报道，披露此事可能牵扯到日本黑帮</td></tr>
<tr><td>伍德福德写下第一封信，要求提供实地核查报告。之后在一个礼拜内总共写了 5 封信</td></tr>
<tr><td>2011/9/29</td><td>私下与菊川和森开会，要求 6 名高阶主管辞职，包括菊川刚辞去 CEO 职务、森久志辞资深副总裁，隔天董事会通过伍德福德接任 CEO</td></tr>
<tr><td>2011/10/3</td><td>伍德福德委托伦敦普华永道会计师事务所调查一笔 6.87 亿美元的款项，其中 6.2 亿美元付给开曼群岛的 AXAM。8 天后报告出炉，指出可能有伪造账目与侵害股东权益的行为</td></tr>
<tr><td>2011/10/11</td><td>发出第 6 封邮件，要求菊川刚与森久志退出董事会</td></tr>
<tr><td rowspan="2">2011/10/14</td><td>奥林巴斯召开临时董事会，决议解除伍德福德的总裁、CEO 与代表董事的职务。另剥夺伍德福德在奥林巴斯子公司的一切管理权</td></tr>
<tr><td>当天奥林巴斯股价在收盘时下跌 18%，创 40 年来最大跌幅</td></tr>
</table>

菊川刚回任时期（2011/10/14 ~ 2011/10/26）	2011/10/15	伍德福德找金融时报社的日本通讯记者索布尔爆料，新闻登上头版头条
	2011/10/17	见英国负责调查与起诉重大贪污案件的重大欺诈案件调查局官员
		海外最大股东东南资产管理公司写信给菊川，要求由信誉较高且独立于奥林巴斯与 Gyrus 公司的第三方会计师事务所进行详细调查
	2011/10/18	伍德福德在伦敦写信给东京的日本证券交易监察委员会会长，提供所有相关资料
	2011/10/19	奥林巴斯被迫发表声明，证实并购 Gyrus 公司的 6.87 亿美元以顾问费用的方式付给了不知名的顾问
	2011/10/20	第二大海外股东哈理斯协会要求对 2008 年的并购案进行独立调查。奥林巴斯的市值在伍德福德辞职后的 5 个交易日蒸发了 40 亿美元
	2011/10/21	奥林巴斯同意由第三方展开过去数年的并购调查，成员包括律师与会计师
		路透独家报道，Axes 公司的创办人佐川一与 Gyrus 公司的并购案有密切关系
	2011/10/23	《纽约时报》披露美国联邦调查局正在调查奥林巴斯事件
	2011/10/24	纽约时报社驻东京记者田渊裕子指出奥林巴斯在 2000 年一场董事会上决定投资 GC 创投基金的 300 亿日元，由横尾宣政负责监管。透过这个基金，奥林巴斯投资 3 家空壳公司，负责监督这一笔基金的人正是菊川刚
	2011/10/26	董事长暨总裁菊川刚辞职，改由高山修一接任

高山修一（2011/10/26 ~ 2012/4/20）	2011/10/31	日本首相野田在金融时报的独家访谈中，表达了他对奥林巴斯丑闻的不安
	2011/11/3	华尔街日报社发现诺贝尔经济学奖得主罗伯特·蒙代尔曾在2007年担任奥林巴斯董事，当时公司批准了与Axes的顾问合约。而蒙代尔与Axes日本分公司有所牵连，而Axes的创始人则是佐川一
	2011/11/4	奥林巴斯表示将推迟发布财务报告，原因是上个月委派专家组成的“第三方委员会”尚未提交相关报告。随后，奥林巴斯正式被列入东京证券交易所停牌观察名单。如果公司不在12月14日前重新提交近5年真实的财务报表，就会被暂时取消在股票市场上的交易资格
	2011/11/8	奥林巴斯召开董事会议，坦诚6.87亿美元的顾问费，以及付给3家空壳公司的9.4亿美元，都是用来隐藏证券投资的亏损
	2011/11/9	奥林巴斯最大的海外股东东南资产管理公司的肖尔斯要求投资者关系主管南部明宏辞职，并主张剩下的董事也应该辞职
	2011/11/11	宫田耕治成立“草根”网站
	2011/11/17	《纽约时报》报道，日本官员正试图判断奥林巴斯是否与有组织犯罪集团合作，包括日本最大黑帮山口组
	2011/11/24	伍德福德与东京地方监察厅、东京警视厅以及证券交易监察委员会面
		时事通讯社发布新闻，指伍德福德自愿在丑闻案中保持缄默，后对错误报道向伍德福德致歉
		菊川刚与森久志辞去董事职务，山田秀雄辞去会计师职务
	2011/11/31	伍德福德宣布辞去奥林巴斯公司董事职务，并打算提出一份新董事会成员名单，试图夺回CEO的职位
	2011/12/6	独立调查小组公布调查报告，指出奥林巴斯自1998年会计年度开始掩盖投资亏损，损失金额高达17亿美元，这一行为，由菊川刚与前任的岸本正寿授权

	2011/12/11	日本检方搜查菊川刚的住宅以及奥林巴斯总部办公室
	2011/12/14	伍德福德接受网络直播节目 Nico Nico 访问，回答了奥林巴斯员工、股东与客户的问题
	2011/12/16	高山召开记者会，宣布奥林巴斯不会被停牌，公司已经提交过去 5 年真实的财务报表
	2011/12/21	日本有关当局由检察官、警方与证券交易监察委员会突袭奥林巴斯办公室。媒体拍到一长列穿着黑西装的人大步走进奥林巴斯总部
	2011/12 月底	伍德福德被美国《时代》杂志、英国《独立报》《太阳报》《每日电讯报》选为年度人物
	2012/1/6	伍德福德决定退出所有选出新任董事的行动
	2012/1/11	奥林巴斯决定控告 19 位现任与前任主管，要求近 5 000 万美元的赔偿，现任总裁高山修一也在被告名单之列
	2012/2/13	奥林巴斯宣布第 3 季度亏损 1 000 万美元，原因归咎于正在调查的丑闻。
	2012/2/16	菊川刚、森久志与山田秀雄因为涉嫌违反《日本金融商品交易法》被捕。另逮捕 4 名高阶主管
	2012/3/7	检察官正式起诉菊川刚、森久志与山田秀雄虚报公司至 2008 会计年度的净值。检察人员还逮捕了第三方委员会报告中提到的中川昭夫，东京警视厅也逮捕了横尾宣政
	2012/3 月底	伍德福德被选为《金融时报》年度“最具勇气商业人物”
	2012/4/20	奥林巴斯举行临时股东大会，组成新董事会，新任总裁为笹宏行，董事长为木本泰行
	2012/9/25	索尼出资约 6.42 亿美元，成为奥林巴斯最大股东
笹宏行时期（2012/4/2 ～）		

附录二　奥林巴斯假账资金流向

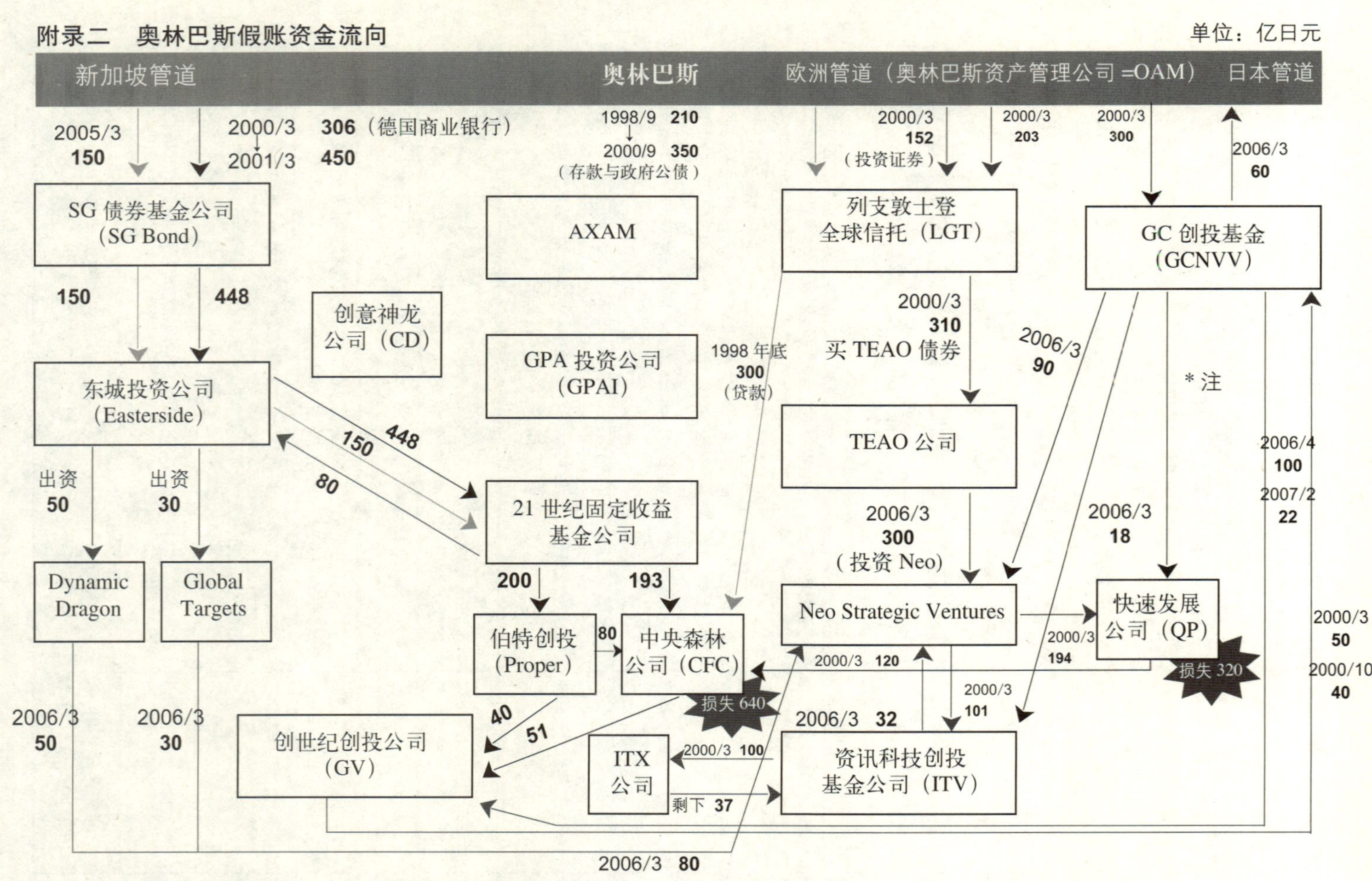

＊注：GCNVV 于 2000/3/27 转账约 320 亿日元到 QP，此后在两者间有多笔总额为 210~310 亿日元的往返账目。

单位：亿日元

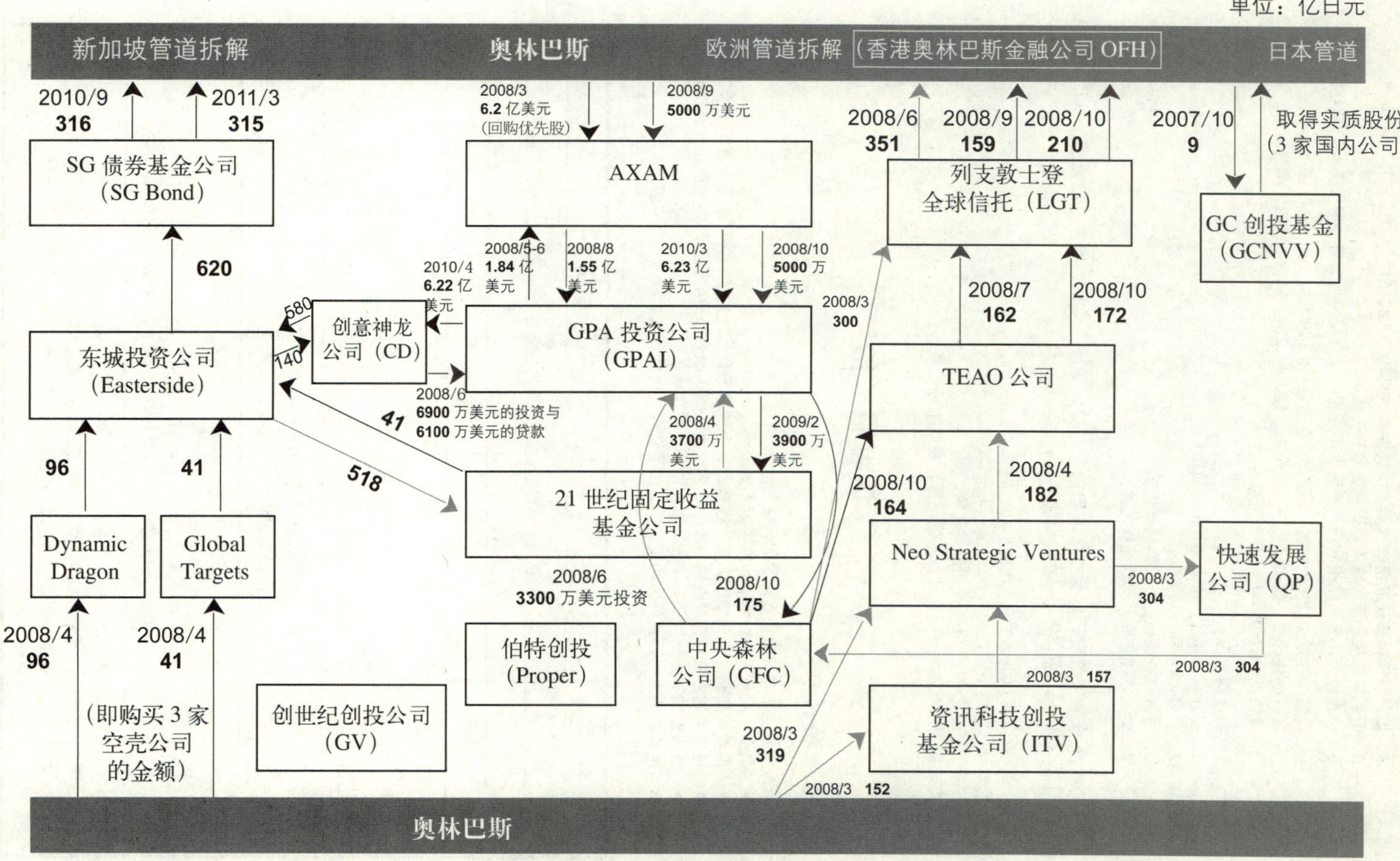

资料来源：Investigation Report, Dec 6, 2011, Olympus Corporation, Third Party Committee

短信查询正版图书及中奖办法

A．电话查询

1．揭开防伪标签获取密码，用手机或座机拨打4006708315；

2．听到语音提示后，输入标识物上的18位密码；

3．语言提示：您所购买的产品是深圳市中资海派文化传播有限公司出品的正版图书。

B．手机短信查询方法（移动收费0.2元/次，联通收费0.3元/次）

1．揭开防伪标签，露出标签下18位密码，输入标识物上的18位密码，确认发送；

2．发送至13825050315，得到版权信息。

C．互联网查询方法

1．揭开防伪标签，露出标签下18位密码；

2．登录www.801315.com；

3．进入“查询服务”“防伪标查询”；

4．输入18位密码，得到版权信息。

中奖者请将18位密码以及中奖人姓名、身份证号码、电话、收件人地址和邮编E-mail至szmiss@126.com，或传真至0755-25970309。

一等奖：168.00元人民币（现金）；
二等奖：图书一册；
三等奖：本公司图书6折优惠邮购资格。
再次谢谢您惠顾本公司产品。本活动解释权归本公司所有。

读者服务信箱

感谢的话

谢谢您购买本书！顺便提醒您如何使用ihappy书系：

- ◆ 全书先看一遍，对全书的内容留下概念 。
- ◆ 再看第二遍，用寻宝的方式，选择您关心的章节仔细地阅读，将“法宝”谨记于心。
- ◆ 将书中的方法与您现有的工作、生活作比较，再融合您的经验，理出您最适用的方法。
- ◆ 新方法的导入使用要有决心，事先做好计划及准备。
- ◆ 经常查阅本书，并与您的生活、工作相结合，自然有机会成为一个“成功者”。

<table>
<tr><td rowspan="9">优惠订购</td><td colspan="2">订阅人</td><td></td><td>部门</td><td></td><td>单位名称</td><td></td></tr>
<tr><td colspan="2">地址</td><td colspan="5"></td></tr>
<tr><td colspan="2">电话</td><td colspan="3"></td><td>传真</td><td></td></tr>
<tr><td colspan="2">电子邮箱</td><td></td><td>公司网址</td><td></td><td>邮编</td><td></td></tr>
<tr><td>订购书目</td><td colspan="6"></td></tr>
<tr><td rowspan="2">付款方式</td><td>邮局汇款</td><td colspan="5">中资海派商务管理(深圳)有限公司
中国深圳银湖路中国脑库A栋四楼　　邮编：518029</td></tr>
<tr><td>银行电汇或转账</td><td colspan="5">户　名：中资海派商务管理(深圳)有限公司
开户行：招行深圳科苑支行
账　号：81 5781 4257 1000 1
交行太平洋卡户名：桂林　　卡号：6014 2836 3110 4770 8</td></tr>
<tr><td>附注</td><td colspan="6">1. 请将订阅单连同汇款单影印件传真或邮寄，以凭办理。
2. 订阅单请用正楷填写清楚，以便以最快方式送达。
3. 咨询热线：0755-25970306转158、168　传　真：0755-25970309
E-mail: szmiss@126.com</td></tr>
</table>

→利用本订购单订购一律享受9折特价优惠。
→团购30本以上 8.5折优惠。